살아있는 60개 영작공식으로
영어 달인이 되자!

말하기와 영작문을 둘 다 잡는 하이퍼 트레이닝 670제

말하기
순간
영작문

송지현 지음

S 시원스쿨닷컴

초판 1쇄 발행 ㅣ 2017년 3월 14일

발행인 이시원
지은이 송지현
발행처 (주)에스제이더블유인터내셔널

책임 조순정
기획편집 오유리 이화현
편집디자인 문지희
표지 일러스트 김선희
마케팅 장혜원 정찬용 송민경

출판등록 2010년 10월 21일 제 321-2010-0000219

임프린트 시원스쿨
주소 서울시 영등포구 국회대로74길 12
전화 02)6409-0878 **팩스** 02)6406-1309
홈페이지 welearn.siwonschool.com

ISBN 979-11-86858-81-3 13740

출판권 ⓒ 에스제이더블유인터내셔널 2012
시원스쿨은 (주)에스제이더블유인터내셔널의 임프린트입니다.

이 책은 저작권법에 따라 보호받는 저작물이므로 무단복제와 무단전재를 금합니다.
이 책 내용의 전부 또는 일부를 이용하려면 반드시 저작권자와 (주)에스제이더블유인터내셔널의 서면동의를 받아야 합니다.

* 잘못된 책은 바꾸어 드립니다.
* 책값은 뒤표지에 있습니다.

말하기와 영작문을 둘 다 잡는
하이퍼 트레이닝 670제

머리말 :

도대체 어떻게 하면 영어를 잘 할 수 있을까요?
열심히만 하면 잘 하게 되는 걸까요? 많고도 많은 공부법이 쏟아지고 있는 요즘, 과연 어떤 공부법이 가장 효과적이고 효율적일지 생각해 보셨나요?
저는 가장 효과적이면서 효율적인 공부 방법은 바로 ==기본에 충실 하는 것==이라고 자신 있게 말씀드릴 수 있어요.

평소에 '재미있고 이해하기 쉽다면, 나도 영어 공부할 만하겠다'라는 마음이셨다면 지금 아주 좋은 도서를 선정하신 거랍니다. '기본에 충실히 한다'라는 조금은 식상한 전제와 함께 시작한 이 교재는, 체계적이고 재미있게 여러분을 영어 기초 마스터의 세계로 안내할 것입니다. ==교재 속의 다양한 생활밀착형 컨텐츠들은== ==영어의 기본 문법과 구조 및 단어를== 공부하고 바로바로 사용해 볼 수 있습니다.

단어들을 연결하여 문장을 만드는 쾌감을, 또 다른 단어들을 붙여서 문장을 더 길게 만들어 보는 성취감을, 재미있고 활용도 높은 단어들을 알아가는 재미를 여러분은 이 도서를 통해 느끼실 수 있을 겁니다.

영어로 말을 할 수 있기 위해서는 영어로 쓸 수 있는 능력이 뒷받침되어야 해요. ==문장의 구조를 스스로 알고 쓸 수 있어야== 이를 바탕으로 단어를 바꿔가며 다른 문장으로 응용과 적용이 가능해 지거든요. 내가 쓰고 말하려는 이 문장의 구조가 어떤 구조인지를 알고 영어에 접근하는 사람과 그렇지 않은 사람의 차이는 영어를 공부하는 기간이 길어질수록 확연하게 드러납니다.

지금 여러분은 다른 사람들보다 더 앞서서 출발하는 셈이지요.

여러분의 시작을 응원합니다. 남들보다 앞선 지금, 뛰지 않으셔도 돼요.
함께 걸어 볼까요?

저자
송지현

체험단의 후기 :

영어를 공부할 때 헷갈리는 부분들이 많았어요. 예를 들어, to가 엄청 많이 보이는데, 하는 역할이 때마다 다른 것 같더라구요. 궁금하기만 하고, 정리는 전혀 안 됐었는데 Emma 쌤의 간단명료한 설명 덕분에 그 담부턴 더 이상 to가 헷갈리지 않았어요. 늘 웃으시며 깔끔하게 설명해 주시는 Emma 쌤 수업 너무 좋아요!

Y대 평가센터 연구원 박*영

강사님은 항상 작문의 중요성, 그리고 회화/청취와의 연계성을 강조하십니다. 처음에는 이론적으로는 알지만 확 와 닿지는 않았습니다. 수업을 꾸준히 듣다 보니 그 연계성이 뭔지 점점 알 것 같습니다. 수강생들은 작문만 공부하는 게 아니라, 문법/회화 더 나아가서는 청취까지 모든 게 하나의 선으로 연결되었다는 것을 알게 될 것입니다.

방송작가 김*찬

영어를 공부한 지가 오래 되어서 다시 시작한다는 것이 엄두가 나지 않았지만, 꼭 필요하기에 좋은 수업을 찾다가 만난 Emma 쌤! 걱정되는 마음으로 시작했는데 톡톡 튀는 쌤의 설명과 친절함에 완전 감동 받았습니다. 문장 하나 하나에서 쌤의 정성이 느껴져요~ 실력이 점점 늘고 있음을 느끼고 있습니다.

일어/중국어 프리랜서 번역가 박*란

중학교 고등학교 내내 영어시간에 5형식이니 사역동사니 영문법을 배웠지만 막상 영작을 하라고 하면 한 줄도 못 썼어요. 하지만 송지현 선생님은 영문법 개념을 가르쳐 주신 후에 그걸 토대로 영작을 연습하기 때문에 배운 문법을 적극 활용해서 영작을 할 수 있어서 좋았어요!

김*림

작문은 어렵다고만 생각했던 저였는데 송지현 선생님과 함께 하니 1차적으로 두려움이 없어졌습니다!! 먼저 써 보고 싶어지고 일상을 다니면서 간단한 작문을 머릿속에서 하고 있는 제 자신을 발견할 수 있었습니다. 예문을 생활밀착형으로 알려 주시니 이러한 결과가 나왔다고 생각합니다! 선생님 감사합니다.

김*진

이 책의 구성 :

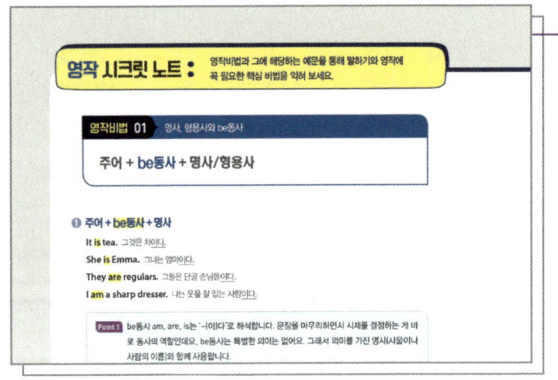

영작 시크릿 노트
영작에 있어서 꼭 알아야 할 핵심 문법을 예문과 함께 제시된 영작비법으로 간단하고 쉽게 학습합니다. 본 도서를 끝마치면, 총 60개의 비법을 마스터 할 수 있습니다.

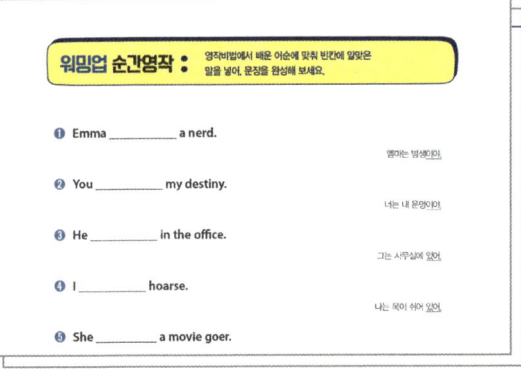

워밍업 순간영작
앞서 배운 영작비법을 적용하여 빈칸을 채워 문장을 완성하는 영작 연습 첫 단계입니다. 우리말 뜻과 영작비법을 참고하여 빈칸을 채워 보세요.

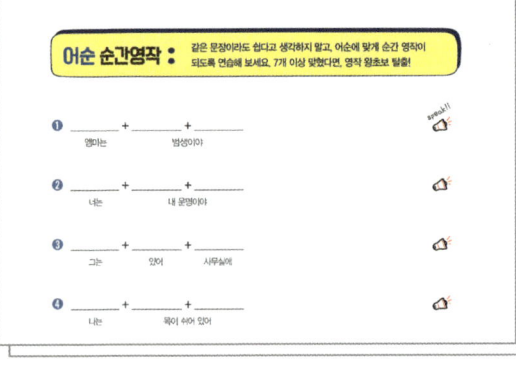

어순 순간영작
앞서 연습했던 문장을 어순에 맞게 전체 문장을 써 보는 훈련을 합니다. 당장 단어가 떠오르지 않으면 한글로 채워도 괜찮습니다. 어순에 맞게 사고하는 방식을 훈련해 보세요.

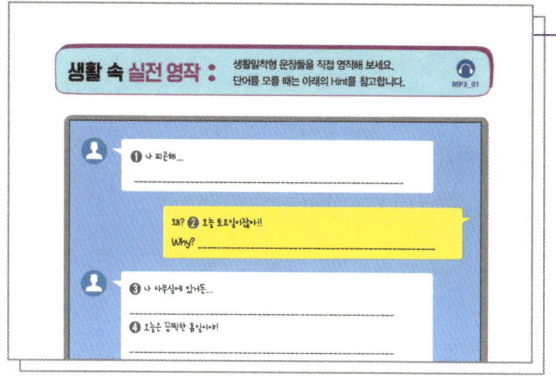

생활 속 실전 영작

우리가 쉽게 접하는 메신저, SNS를 직접 써 보세요. 우리가 실생활에서 바로 바로 활용할 수 있는 말이기 때문에 쉽고 재미있게 완성할 수 있습니다.

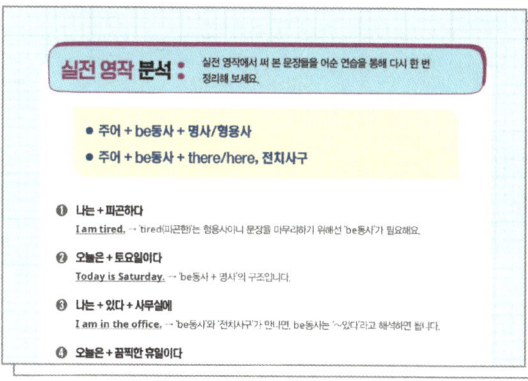

실전 영작 분석

'생활 속 실전 영작'의 구어체를 직역하여 다시 한 번 정리합니다. 우리말과 영어의 구조 차이를 알 수 있기 때문에 '우리말이 영어로 이렇게 바뀌는구나!'라고 느끼실 수 있을 것입니다.

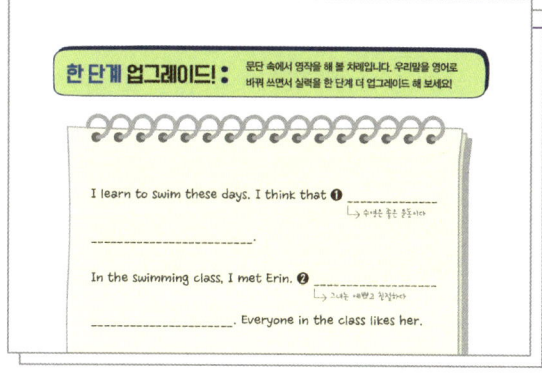

한 단계 업그레이드!

일기/편지/스토리를 직접 영작하면서 실력을 한 단계 더 업그레이드 해 보세요. 배운 내용에 해당하는 문장은 직접 써 보고, 앞으로 배울 문장들은 영어로 제시되어 있습니다. 예·복습을 동시에 하며 학습을 마무리해 보세요.

이 책 보는 법 :

1초만에 순간영작을 가능하게 해 주는 〈말하기 순간영작문〉, 이렇게 보세요!

1 영작 시크릿 노트
순간영작이 가능한 60가지 공식 익히기

2 워밍업 순간영작
빈칸 넣기로 순간영작 첫걸음 떼기

3 어순 순간영작
영작의 핵심은 어순! 어순을 통한 순간영작 훈련하기

4 생활 속 실전 영작
순간영작의 실전 훈련! 생활 속 예문으로 순간영작 정복하기

5 한 단계 업그레이드!
앞서 훈련했던 순간영작 실력을 발휘하여 힌트 없이 영작 성공하기

실력확인 진단평가 :

도서를 공부한 후 순간영작이 가능해졌는지 확인해 볼 수 있는 진단평가입니다.
어순에 맞게 빈칸을 채워 문장을 완성해 보세요.
더 많은 진단평가는 **welearn.siwonschool.com**에서 다운받을 수 있습니다.

> 당장 영어 단어가 떠오르지 않으면 우리말로 채워도 좋아요.
> 어순에 맞춰 문장을 완성하는 것이 중요합니다.

❶ ___Emma___ + ___doesn't like___ + ___old 노래들___ ▶ Unit 05
　　엠마는　　　　　　좋아하지 않아　　　　　오래된 노래들을

❷ ___Do___ + ___you___ + ___have___ + ___any rooms___ + ___어베일러블___ ▶ Unit 05
　　　　　　　너는　　　가지고 있니?　　　방을 좀　　　　이용가능한

❸ _____ + _____ + _____ ▶ Unit 05
　　그녀는　　　　　　입지 않아　　　　　화려한 옷을

❹ _____ + _____ + _____ ▶ Unit 06
　　우리는　　　　　　나눴어　　　　　　계산서를

❺ _____ + _____ + _____ ▶ Unit 06
　　그 직원은　　　　가지고 있었어　　　강력한 컴퓨터 기술을

❻ _____ + _____ + _____ + _____ ▶ Unit 07
　　조는　　　　샀어　　　쿠키를 좀　　그의 부모님께 드리려고

❼ _____ + _____ + _____ + _____ + _____ ▶ Unit 08
　그녀는　　　　　정말 예쁘다　　　　그리고　　　　멋져

❽ _____ + _____ + _____ + _____ + _____ + _____ ▶ Unit 08
　　너　　　샀어?　　맥주 한 박스　　그리고　　와인을

목차 :

Unit 01 **Emma is a teacher.** 엠마는 선생님이다. **013**

Unit 02 **Is Emma pretty?** 엠마는 예쁘니? **021**

Unit 03 **Emma was not that pretty.** 엠마는 그렇게 예쁘진 않았어. **029**

Unit 04 **Emma likes English.** 엠마는 영어를 좋아해. **037**

Unit 05 **Does Emma like her students?** 엠마는 그녀의 학생들을 좋아해? **045**

Unit 06 **Emma had a boyfriend.** 엠마는 남자친구가 있었어. **053**

Unit 07 **Emma lives to eat.** 엠마는 먹기 위해 산다. **061**

Unit 08 **Emma is kind and clever.** 엠마는 친절하고 똑똑해요. **069**

Unit 09 **Emma will be your true teacher.**
엠마는 당신의 진정한 선생님이 될 거예요. **077**

Unit 10 **Anyone can take Emma's class.** 누구든지 엠마의 수업을 들을 수 있어요. .. **085**

Unit 11 **You should take Emma's class.** 너는 엠마의 수업을 들어야 한다. **093**

Unit 12 **Emma is teaching English now.** 엠마는 지금 영어를 가르치고 있어요. ... **101**

Unit 13 **Emma is having a great time with you.**
엠마는 당신과 즐거운 시간을 보내고 있어요. **109**

Unit 14 **Emma is happy when she teaches.** 엠마는 가르칠 때 행복해요. **117**

Unit 15 **Emma becomes skinny.** 엠마는 말라간다. **125**

Unit 16 **Do you want to be Emma's student?** 넌 엠마의 학생이 되고 싶니? **133**

Unit 17 **Emma gives you a boost.** 엠마는 여러분에게 활력을 줍니다. ········ **141**

Unit 18 **Emma makes you confident.**
엠마는 여러분을 자신감 있게 만들어 드립니다. ········ **149**

Unit 19 **Prepare coffee and a pen.** 커피와 펜을 준비하세요. ········ **157**

Unit 20 **This class is very helpful.** 이 수업은 매우 유용합니다. ········ **165**

Unit 21 **Emma doesn't like any rude people.**
엠마는 어떠한 무례한 사람들도 좋아하지 않는다. ········ **173**

Unit 22 **Emma has a lot of tips on English.**
엠마는 영어에 대한 많은 조언들을 가지고 있어요. ········ **181**

Unit 23 **Emma is your bridge to English.** 엠마는 당신을 영어로 이끌어줘요. ········ **189**

Unit 24 **Emma usually studies in the morning.** 엠마는 주로 아침에 공부해요. ········ **197**

Unit 25 **Emma is at your side.** 엠마는 여러분 편입니다. ········ **205**

Unit 26 **Both you and I like English.** 여러분과 저는 둘 다 영어를 좋아합니다. ········ **213**

Unit 27 **You like Emma because of her optimism.**
여러분은 그녀의 낙천적인 성격 때문에 엠마를 좋아합니다. ········ **221**

Unit 28 **Sometimes Emma puts on makeup.** 엠마는 가끔 화장을 해요. ········ **229**

Unit 29 **I want to delay my interview.** 저는 제 인터뷰를 연기하고 싶어요. ········ **237**

Unit 30 **Simba comes into the world.** 심바가 세상에 태어납니다. ········ **243**

Unit 01

명사, 형용사와 be동사

Emma is a teacher.
엠마는 선생님이다.

> **영작 시크릿 노트 :** 영작비법과 그에 해당하는 예문을 통해 말하기와 영작에 꼭 필요한 핵심 비법을 익혀 보세요.

영작비법 01 명사, 형용사와 be동사

주어 + be동사 + 명사/형용사

❶ 주어 + be동사 + 명사

It **is** tea. 그것은 차이다.
She **is** Emma. 그녀는 엠마이다.
They **are** regulars. 그들은 단골 손님들이다.
I **am** a sharp dresser. 나는 옷을 잘 입는 사람이다.

> **Point 1** be동사 am, are, is는 '~(이)다'로 해석합니다. 문장을 마무리하면서 시제를 결정하는 게 바로 동사의 역할인데요, be동사는 특별한 의미는 없어요. 그래서 의미를 가진 명사(사물이나 사람의 이름)와 함께 사용합니다.
>
> **Point 2** they는 '여러 명의 사람(그들은)'뿐 아니라 '여러 개의 사물(그것들은)'도 가리킬 수 있어요. 여기에서는 사람을 가리키니 '그들은'이라고 해석하고, 그에 맞춰 regular(단골손님)도 여러 명으로 맞춰 복수 명사로 표현하면 됩니다.
>
> **Point 3** 주인공(주어)이 I일 때는 am을 써야 해요. 그 외의 주어가 한 개 또는 한 명일 땐 is, 여러 개 또는 여러 명이거나 you에는 are을 씁니다.

❷ 주어 + be동사 + 형용사

It **is** hot. 그것은 뜨겁다.
Emma **is** pretty. 엠마는 예쁘다.
You **are** kind. 너는 친절하다.
Emma and Erin **are** picky. 엠마와 에린은 까다롭다.

> **Point 1** 형용사는 사물 또는 사람을 풍성하게 꾸며 주는 단어로, 예문 속 형용사는 각각 '뜨거운', '예쁜', '친절한', '까다로운'이란 뜻으로 해석이 됩니다. 그러다 보니 형용사만으로는 문장을 마무리할 수가 없어서 'be동사(~(이)다)'와 짝꿍처럼 연결될 수 있답니다.

영작비법 02   be동사와 there/here, 전치사구

주어 + be동사 + there/here, 전치사구

❶ 주어 + be동사 + there/here

Emma is there. 엠마는 거기에 있다.
He is there. 그는 거기에 있다.
Gaia and Eric are here. 가이아와 에릭은 여기에 있다.
They are here. 그들은 여기에 있다.

> **Point 1** be동사는 해석 방법이 하나 더 있어요. 바로 '~있다'입니다. there과 here의 뜻이 각각 '거기에', '여기에'이니까 윗 문장들은 해석이 바로 되시죠?

❷ 주어 + be동사 + 전치사구

We are in the office. 우리는 사무실에 있다.
He is in the room. 그는 방 안에 있다.
Emma is in the pool. 엠마는 수영장 풀 안에 있다.
They are in the park. 그들은 공원에 있다.

> **Point 1** '전치사 + 명사'를 '전치사구'라고 부릅니다. 공간의 내부를 의미하는 in(~안에)과 명사로 이루어진 전치사구가 등장하고 있어요.
>
> **Point 2** be동사가 전치사구를 만났을 때도 '~있다'로 해석하면 됩니다.

Unit 01 명사, 형용사와 be동사

워밍업 순간영작 : 영작비법에서 배운 어순에 맞춰 빈칸에 알맞은 말을 넣어, 문장을 완성해 보세요.

❶ Emma _____ a nerd.

엠마는 범생<u>이야</u>.

❷ You _____ my destiny.

너는 내 운명<u>이야</u>.

❸ He _____ in the office.

그는 사무실에 <u>있어</u>.

❹ I _____ hoarse.

나는 목이 쉬어 <u>있어</u>.

❺ She _____ a movie goer.

그녀는 영화광<u>이야</u>.

❻ I _____ in the room.

나는 방 안에 <u>있어</u>.

❼ Emma _____ wonderful.

엠마는 멋<u>져</u>.

❽ My father _____ a writer.

나의 아빠는 작가<u>야</u>.

❾ Eric _____ a normal boy.

에릭은 평범한 소년<u>이야</u>.

❿ We _____ in the library.

우린 도서관에 <u>있어</u>.

Vocabulary

nerd 범생이 **destiny** 운명 **hoarse** 목이 쉰 **movie goer** 영화광 **wonderful** 훌륭한, 멋진
writer 작가 **normal** 평범한 **boy** 소년 **library** 도서관

16

어순 순간영작 :
같은 문장이라도 쉽다고 생각하지 말고, 어순에 맞게 순간 영작이 되도록 연습해 보세요. 7개 이상 맞혔다면, 영작 왕초보 탈출!

❶ _____ + _____ + _____
    엠마는   범생이야

❷ _____ + _____ + _____
    너는   내 운명이야

❸ _____ + _____ + _____
    그는   있어   사무실에

❹ _____ + _____ + _____
    나는   목이 쉬어 있어

❺ _____ + _____ + _____
    그녀는   영화광이야

❻ _____ + _____ + _____
    나는   있어   방안에

❼ _____ + _____ + _____
    엠마는   멋져

❽ _____ + _____ + _____
    나의 아빠는   작가야

❾ _____ + _____ + _____
    에릭은   평범한 소년이야

❿ _____ + _____ + _____
    우리는   있어   도서관에

Unit 01 명사, 형용사와 be동사

생활 속 실전 영작 :
생활밀착형 문장들을 직접 영작해 보세요.
단어를 모를 때는 아래의 Hint를 참고합니다.

❶ 나 피곤해…
_____

왜? ❷ 오늘 토요일이잖아!!
Why? _____

❸ 나 사무실에 있거든…
_____
❹ 오늘은 끔찍한 휴일이야!
_____

❺ 정말 안됐다.
_____
암튼, ❻ 내일은 엠마의 생일이야!
Anyway, _____

맞아! ❼ 내 선물은 모자야!
Right! _____
❽ 모자는 엠마가 가장 좋아하는 패션 아이템이거든~
_____

❾ 좋은 생각이네!!
_____

Hint

tired 피곤한　　today 오늘　　Saturday 토요일　　horrible 끔찍한　　holiday 휴일
sorry 미안한, 유감스러운　　tomorrow 내일　　birthday 생일　　present 선물
hat 모자　　favorite 가장 좋아하는　　fashion item 패션 아이템　　idea 아이디어

18

실전 영작 분석 :
실전 영작에서 써 본 문장들을 어순 연습을 통해 다시 한 번 정리해 보세요.

> ● 주어 + be동사 + 명사/형용사
> ● 주어 + be동사 + there/here, 전치사구

① 나는 + 피곤하다
I am tired. → 'tired(피곤한)'는 형용사이니 문장을 마무리하기 위해선 'be동사'가 필요해요.

② 오늘은 + 토요일이다
Today is Saturday. → 'be동사 + 명사'의 구조입니다.

③ 나는 + 있다 + 사무실에
I am in the office. → 'be동사'와 '전치사구'가 만나면, be동사는 '~있다'라고 해석하면 됩니다.

④ 오늘은 + 끔찍한 휴일이다
Today is a horrible holiday.
→ 'be동사 + 명사'의 구조예요. '관사(a) + 형용사(horrible) + 명사(holiday)'의 어순도 확인하세요.

⑤ 나는 + 정말로 + 유감스럽다
I am really sorry.
→ 'be동사 + 형용사'의 구조입니다. really(정말로)는 부사로 be동사 뒤에 쓰는 게 자연스러워요.

⑥ 내일은 + 엠마의 생일이다
tomorrow is Emma's birthday. → 'be동사 + 명사'의 구조로, 여기에선 Emma's를 주목하세요. 사람의 소유 관계를 표현할 때는 's를 사용합니다. ('사람의 소유 관계'는 Unit 23에서 확인하실 수 있습니다.)

⑦ 내 선물은 + 모자이다
My present is a hat! → 'be동사 + 명사'의 구조랍니다.

⑧ 모자는 + 그녀(엠마)가 가장 좋아하는 패션 아이템이다
A hat is her favorite fashion item~ → favorite(가장 좋아하는)은 형용사로, '소유격(my, your, her, his, their, our 등)'과 잘 어울려요. 여기에서는 '소유격(her) + 형용사(favorite) + 명사(fashion item)'의 어순을 확인하세요. ('소유격'은 Unit 23에서 확인하실 수 있습니다.)

⑨ 그것은 + 좋은 생각이다
That is a good idea. → 원래 '그것'이라 함은 it으로 표현하죠? 그런데 여기에서의 '그것'은 친구가 말한 앞 문장을 받아 주고 있어요. 상대의 말이나 특정한 상황을 받아 줄 땐 '그것'이라고 해석되더라도 'that'을 쓴답니다.

한 단계 업그레이드!

문단 속에서 영작을 해 볼 차례입니다. 우리말을 영어로 바꿔 쓰면서 실력을 한 단계 더 업그레이드 해 보세요!

I learn to swim these days. I think that ❶ _____
↳ 수영은 좋은 운동이다

_____.

In the swimming class, I met Erin. ❷ _____
↳ 그녀는 예쁘고 친절하다

_____. Everyone in the class likes her.

❸ _____ to become friends
↳ 나는 정말 기쁘다

with her. ❹ _____.
↳ 그녀는 지금 나의 베스트 프렌드이다

문장 확인!

나는 요즘 수영을 배운다. 내 생각에 수영은 좋은 운동인 것 같다.
수영 수업에서, 나는 에린을 만났다. 그녀는 예쁘고 친절하다. 클래스에 있는 모든 사람이 그녀를 좋아한다.
난 그녀와 친구가 되어서 정말 기쁘다. 그녀는 지금 나의 베스트 프렌드이다.

Hint

exercise 운동   pretty 예쁜   kind 친절한   pleased 기쁜   best friend 가장 친한 친구

Unit 02

be동사의 부정문과 의문문

Is Emma pretty?
엠마는 예쁘니?

영작 시크릿 노트 : 영작비법과 그에 해당하는 예문을 통해 말하기와 영작에 꼭 필요한 핵심 비법을 익혀 보세요.

영작비법 03 ▶ be동사의 부정문

주어 + be동사 + not + 명사/형용사/전치사구

❶ 주어 + be동사 + not + 명사/형용사

He is not a student. 그는 학생이 아니다.
Today is not hump day. 오늘은 수요일이 아니다.
I am not short. 나는 (키가) 작지 않다.
He is not chubby. 그는 통통하지 않다.

> **Point 1** be동사를 부정할 때는 be동사 뒤에 '~가 아닌'이란 부정의 뜻을 가진 'not'만 넣어 주면 된답니다.
>
> **Point 2** is not은 isn't로, are not은 aren't로 축약이 가능해요.

❷ 주어 + be동사 + not + 전치사구

Emma is not in school. 엠마는 학생이 아니다 (학교에 (소속이 되어) 있지 않다).
They are not in Spain. 그들은 스페인에 있지 않다.
We are not in Seoul. 우리는 서울에 있지 않다.
He is not in the parking lot. 그는 주차장에 있지 않다.

> **Point 1** be동사 뒤에 어떤 표현(명사, 형용사, 전치사구 등)이 오든 be동사를 부정할 때는 be동사 뒤에 'not'만 쏙 넣어 주세요.
>
> **Point 2** 첫 번째 문장의 be in school을 직역하면 '학교에 있다'라는 뜻이죠? 그러나 이 표현은 단순한 장소를 나타내기보다는 '학교에 소속이 되어있다', 즉 '학생이다'라는 의미를 갖고 있답니다.

영작비법 04 — be동사의 의문문

be동사 + 주어 + 명사/형용사/전치사구 + ?

❶ be동사 + 주어 + 명사/형용사 + ?

Is she a banker? 그녀는 은행원이니?
Are you short? 너는 (키가) 작니?
Is Emma slim? 엠마는 날씬하니?
Is he chubby? 그는 통통하니?

> **Point 1** be동사가 포함된 문장을 의문문으로 바꿔 볼까요? 평서문의 어순은 '주어 + be동사'이지만 의문문은 주어와 be동사의 자리만 바꿔 주면 됩니다.
>
> **Point 2** 의문문에서는 문장의 끝에 '?'를 잊지 마세요!

❷ be동사 + 주어 + 전치사구 + ?

Is Emma in school? 엠마는 학생이니?
Are they in Spain? 그들은 스페인에 있니?
Are you in Seoul? 너는 서울에 있니?
Is he in the parking lot? 그는 주차장에 있니?

> **Point 1** be동사가 전치사구와 함께 쓰여도 주어와 be동사 어순만 바꿔 주면 의문문이 완성됩니다.

워밍업 순간영작 : 영작비법에서 배운 어순에 맞춰 빈칸에 알맞은 말을 넣어, 문장을 완성해 보세요.

❶ He _____ a geek.

그는 괴짜가 아냐.

❷ Erin _____ glamorous.

에린은 매력적이지 않아.

❸ Emma _____ in the kitchen.

엠마는 부엌에 있지 않아.

❹ _____ I fit?

나 몸매 괜찮아?

❺ _____ your girlfriend a dog person?

너의 여친은 애견인이야?

❻ _____ your dogs in the yard?

네 개들은 마당에 있어?

❼ We _____ alone.

우리는 혼자가 아니야.

❽ _____ the book interesting?

그 책은 재미있니?

❾ Emma _____ in London.

엠마는 런던에 있지 않아.

❿ She _____ pleased.

그녀는 기쁘지 않아.

Vocabulary

geek 괴짜 glamorous 매력적인 kitchen 부엌 fit 몸매가 좋은, 괜찮은 dog person 애견인
yard 마당 alone 혼자인 interesting 재미있는 pleased 기쁜

어순 순간영작 :
같은 문장이라도 쉽다고 생각하지 말고, 어순에 맞게 순간 영작이 되도록 연습해 보세요. 7개 이상 맞혔다면, 영작 왕초보 탈출!

❶ _____ + _____ + _____
      그는   괴짜가 아냐

❷ _____ + _____ + _____
    에린은   매력적이지 않아

❸ _____ + _____ + _____
    엠마는   있지 않아   부엌에

❹ _____ + _____ + _____
                   나   몸매 괜찮아?

❺ _____ + _____ + _____
             너의 여친은   애견인이야?

❻ _____ + _____ + _____
    있어?   네 개들은   마당에

❼ _____ + _____ + _____
    우리는   혼자가 아니야

❽ _____ + _____ + _____
               그 책은   재미있니?

❾ _____ + _____ + _____
    엠마는   있지 않아   런던에

❿ _____ + _____ + _____
    그녀는   기쁘지 않아

Unit 02 be동사의 부정문과 의문문

생활 속 실전 영작 :

생활밀착형 문장들을 직접 영작해 보세요.
단어를 모를 때는 아래의 Hint를 참고합니다.

MP3_02

❶ 그녀는 키가 커?
_____

아니, ❷ 크지 않아.
No, _____
❸ 키가 작아.
_____

그럼, ❹ 날씬해?
Then, _____

아니, ❺ 약간 통통해~
No, _____
❻ 진짜 귀여워!!
_____

좋아, ❼ 학생이야?
OK, _____

아니, ❽ 학생 아냐.
No, _____
❾ 은행원이야~
_____

Hint

tall 키가 큰　　short (키가) 작은　　slim 날씬한　　a bit 약간　　chubby 통통한　　cute 귀여운
in school 학생인　　banker 은행원

26

실전 영작 분석 :
실전 영작에서 써 본 문장들을 어순 연습을 통해 다시 한 번 정리해 보세요.

- 주어 + be동사 + not + 명사/형용사/전치사구
- be동사 + 주어 + 명사/형용사/전치사구 + ?

❶ 그녀는 + 키가 크니?
Is she tall? → 의문문이니 be동사를 먼저 써 주세요.

❷ 그녀는 + 키가 크지 않다
she is not tall. → 부정문이에요. not의 위치는 be동사 뒤 입니다.

❸ 그녀는 + 키가 작다
She is short. → 'be동사 + 형용사' 구문을 활용하세요.

❹ 그녀는 + 날씬하니?
is she slim? → 의문문이니 be동사를 먼저 쓰는 것 알고 계시죠?
주어가 she(그녀는)이므로 be동사는 is를 씁니다.

❺ 그녀는 + 약간 + 통통하다
she is a bit chubby. → a bit은 '약간'이라는 뜻을 가진 표현입니다.
형용사 chubby(통통한)를 수식하고 있어요.

❻ 그녀는 + 정말로 + 귀여워!
She is really cute! → really(정말로)의 위치를 기억하시나요? be동사 뒤에 넣어 주세요.

❼ 그녀는 + 학생이니?
is she in school? → 여기에서는 '학생이다'를 be in school이라는 표현으로 썼습니다.

❽ 그녀는 + 학생이 아니다
she is not a student. → student(학생)를 활용한 'be동사 + not + 명사' 구문입니다.

❾ 그녀는 + 은행원이다
She is a banker. → 'be동사 + 명사' 구문이죠? 은행 창구 직원은 bank teller라고도 해요.

한 단계 업그레이드!:
문단 속에서 영작을 해 볼 차례입니다. 우리말을 영어로 바꿔 쓰면서 실력을 한 단계 더 업그레이드 해 보세요!

How's it going? ❶ _____?
　　　↳ 너는 여전히 영국에 있어?

❷ _____.
　↳ 나와 에린은 지금 런던에 있지 않아

We left London a month ago, and ❸ _____
　　　　　　　　　　　　　　　　　　　　↳ 지금 우린 서울에 있어

_____.

❹ _____? ❺ _____
　↳ 거기 날씨는 좋아?　　　　　　　　　↳ 여기 날씨는 지금 맑지 않아

_____.

I hope that we will meet again.

문장 확인!

잘 지내? 여전히 영국에 있어?
나와 에린은 지금 런던에 있지 않아.
우리는 한 달 전에 런던을 떠났고, 지금은 서울에 있어.
거기 날씨는 좋아? 여기 날씨는 지금 맑지 않아.
다시 만나길 바라.

Hint

still 여전히　**weather** 날씨　**good** 좋은　**there** 거기에　**here** 여기에　**clear** 맑은

Unit 03

be동사의 과거시제

Emma was not that pretty.
엠마는 그렇게 예쁘진 않았어.

영작 시크릿 노트 :
영작비법과 그에 해당하는 예문을 통해 말하기와 영작에 꼭 필요한 핵심 비법을 익혀 보세요.

영작비법 05 be동사 과거시제의 평서문/부정문

주어 + 과거 be동사 + 명사/형용사/전치사구
주어 + 과거 be동사 + not + 명사/형용사/전치사구

---

❶ **주어 + 과거 be동사 + 명사/형용사/전치사구**

I **was** a designer. 나는 디자이너였다.
She **was** rich. 그녀는 부유했다.
You **were** different. 너는 달랐다.
I **was** at home. 난 집에 있었다.

> **Point 1** 현재를 나타내는 be동사는 am, are, is였죠? 과거로 바꿔 볼게요. am, is는 was로, are은 were로 바꿔 주면 됩니다.
>
> **Point 2** in을 사용한 전치사구는 앞서 공부했죠? 이번에는 특정한 좁은 장소를 나타내는 at을 사용한 전치사구입니다. at home(집에), at work(직장에)는 하나의 표현으로, 앞에 a나 the를 쓰지 않는다는 것, 기억하세요.

❷ **주어 + 과거 be동사 + not + 명사/형용사/전치사구**

He **was not** a barista. 그는 바리스타가 아니었다.
We **were not** friends. 우린 친구가 아니었다.
They **were not** expensive. 그것들은 비싸지 않았다.
Emma **was not** at work. 엠마는 직장에 있지 않았다.

> **Point 1** 역시나 과거시제 부정문도 과거 be동사 was, were 뒤에 not만 넣어 주세요.
>
> **Point 2** we(우리는)는 여러 명을 의미하죠? 그래서 friends라는 복수명사를 연결합니다. they(그들은, 그것들은)는 문맥에 따라 해석이 다른데, expensive(비싼)는 사물에 주로 쓰는 형용사기 때문에 '그것들은'으로 해석하세요.
>
> **Point 3** was not은 wasn't로, were not은 weren't로 축약이 가능해요.

영작비법 06   be동사 과거시제의 의문문

과거 be동사 + 주어 + 명사/형용사/전치사구 + ?

❶ 과거 be동사 + 주어 + 명사/형용사 + ?

Was she a barista? 그녀는 바리스타였니?
Were they friends? 그들은 친구였니?
Were you rich? 너는 부유했니?
Were they expensive? 그것들은 비쌌니?

> **Point 1** 과거 be동사 문장을 의문문으로 바꿔 볼까요? 현재시제와 마찬가지로 '주어와 be동사' 위치만 서로 바꿔 주면 됩니다.
>
> **Point 2** 문장 끝에 '?'를 잊지 마세요.

❷ 과거 be동사 + 주어 + 전치사구 + ?

Was he at home? 그는 집에 있었니?
Were Emma and Erin at work? 엠마와 에린은 직장에 있었니?
Were you in the classroom? 너희들은 교실에 있었니?
Was she at the party? 그녀는 파티에 있었니?

> **Point 1** 이때도 마찬가지로 주어와 be동사의 어순만 바꿔 주면 의문문이 완성됩니다.
>
> **Point 2** you는 '너는(당신은)'이라는 뜻도 있지만 '너희들(여러분)'이란 뜻으로도 쓸 수 있어요.

워밍업 순간영작 : 영작비법에서 배운 어순에 맞춰 빈칸에 알맞은 말을 넣어, 문장을 완성해 보세요.

❶ Emma _____ rude.

    엠마는 싸가지가 없었어.

❷ Erin _____ camera-shy.

    에린은 카메라 앞에서 부끄럼쟁이였어.

❸ I and my puppy _____ at home.

    나랑 내 강아지는 집에 있었어.

❹ They _____ actors.

    그들은 배우가 아니었어.

❺ _____ Emma's class good?

    엠마의 수업은 좋았어?

❻ _____ the boss at work?

    그 사장님은 직장에 있었어?

❼ The news _____ useful.

    그 소식은 유용하지 않았어.

❽ Emma's car _____ dirty.

    엠마의 자동차는 더러웠어.

❾ _____ it cheap?

    그건 저렴했니?

❿ They _____ in the living room.

    그들은 거실에 있었어.

Vocabulary

rude 무례한, 싸가지가 없는　**camera-shy** 카메라를 부끄러워하는　**puppy** 강아지　**actor** 배우
class 수업　**boss** 사장님　**news** 소식　**useful** 유용한　**dirty** 더러운　**cheap** 저렴한
living room 거실

어순 순간영작

같은 문장이라도 쉽다고 생각하지 말고, 어순에 맞게 순간 영작이 되도록 연습해 보세요. 7개 이상 맞혔다면, 영작 왕초보 탈출!

❶ _____ + _____ + _____
　　엠마는　　　　　　　　　　　싸가지가 없었어

❷ _____ + _____ + _____
　　에린은　　　　　　　　　　카메라 앞에서 부끄럼쟁이였어

❸ _____ + _____ + _____
　나랑 내 강아지는　　　　있었어　　　　　　집에

❹ _____ + _____ + _____
　　그들은　　　　　　　　배우가 아니었어

❺ _____ + _____ + _____
　　　　　　　　　　엠마의 수업은　　　　　좋았어?

❻ _____ + _____ + _____
　　있었어?　　　　　그 사장님은　　　　　직장에

❼ _____ + _____ + _____
　　그 소식은　　　　　　유용하지 않았어

❽ _____ + _____ + _____
　엠마의 자동차는　　　　　더러웠어

❾ _____ + _____ + _____
　　　　　　　　　　　그건　　　　　　　저렴했니?

❿ _____ + _____ + _____
　　그들은　　　　　　　있었어　　　　　　거실에

Unit 03 be동사의 과거시제　**33**

생활 속 실전 영작 :

생활밀착형 문장들을 직접 영작해 보세요.
단어를 모를 때는 아래의 Hint를 참고합니다.

MP3_03

엠마, ① 너 어제 그 공원에 있었어?
Emma, _____

응, ② 에린이랑 있었어.
Yes, _____
③ 너 거기에 있었어?
_____

아니, ④ 난 하루 종일 집에 있었지.
No, _____
그나저나, 에린은 어때?
By the way, how is Erin?
⑤ 여전히 예뻐?
_____

아, ⑥ 에린은 정말 예뻤지,
Oh, _____
근데 지금은 ⑦ 그렇게 예쁘진 않아.
but now _____

Hint

in the park 공원에   **yesterday** 어제   **there** 거기에   **all day** 하루 종일   **by the way** 그나저나
still 여전히   **pretty** 예쁜   **that** 그렇게

실전 영작 분석 : 실전 영작에서 써 본 문장들을 어순 연습을 통해 다시 한 번 정리해 보세요.

- 주어 + 과거 be동사 + 명사/형용사/전치사구
- 주어 + 과거 be동사 + not + 명사/형용사/전치사구
- 과거 be동사 + 주어 + 명사/형용사/전치사구 + ?

❶ 있었니? + 너는 + 공원에 + 어제

were you in the park yesterday? → 시점이 '어제'네요. 그렇다면 과거시제로 써야겠죠. 시제를 결정하는 건 동사의 역할이에요.

❷ 나는 + 있었다 + 공원에 + 에린과 함께

I was in the park with Erin. → 'be동사 + 전치사구'의 평서문 구조입니다.
'~와 함께'는 전치사 with를 쓰면 돼요.

❸ 있었니? + 너는 + 거기에

Were you there? → 'be동사 + there/here'도 앞서 배운 것 기억 나시나요?
여기에선 의문문입니다. 동사를 먼저 써 주세요.

❹ 나는 + 있었다 + 집에 + 하루 종일

I was at home all day. → 'be동사 + 전치사구' 구문이에요.
내용상 시점은 계속 과거니까 동사도 과거 시제로 써 주세요.

❺ 그녀는 + 여전히 예쁘니?

Is she still pretty? → 이 문장은 현재시제네요. still(여전히)은 부사입니다.
부사는 be동사 뒤에 넣는 것이 자연스러워요.

❻ 에린은 + 정말로 예뻤다

Erin was really pretty. → really(정말로)도 부사로, be동사 뒤가 자연스럽습니다.

❼ 그녀는 + 그렇게 예쁘진 않다

she is not that pretty. → that은 '저것'이라는 뜻도 있지만, '그렇게'라는 부사로도 쓰일 수 있어요.

한 단계 업그레이드!

문단 속에서 영작을 해 볼 차례입니다. 우리말을 영어로 바꿔 쓰면서 실력을 한 단계 더 업그레이드 해 보세요!

At that time, ❶ _____
→ 나는 항상 일터에 있었다
because I had a lot of work every day.

❷ _____ due to their
→ 다른 동료들도 또한 그들의 책상에만 있었다
tasks.

❸ _____.
→ 우리의 눈은 충혈되어 있었다
We didn't have enough free time, so ❹ _____
→ 우리는 휴가를 간절히 바랐다
_____.

Finally, ❺ _____. ❻ _____
→ 우리는 모두 휴가 중이다   → 나는 정말 행복하다
_____ to have this great time.

✔ 문장 확인!

그 당시에, 나는 매일 일이 많았기 때문에 항상 일터에 있었다.
다른 동료들 또한 일 때문에 책상에만 있었다.
우리의 눈은 충혈되어 있었다.
여가 시간은 충분하지 않았고, 그래서 우린 휴가를 간절히 바랐다.
마침내, 우리는 모두 휴가 중이다. 이런 멋진 시간을 갖게 되어서 정말 행복하다.

Hint

always 항상   other 다른   colleague 동료   bloodshot 충혈된
eager for ~을 간절히 바라는   vacation 휴가   on vacation 방학/휴가 중인

Unit 04
일반동사의 현재시제

Emma likes English.
엠마는 영어를 좋아해.

영작 시크릿 노트: 영작비법과 그에 해당하는 예문을 통해 말하기와 영작에 꼭 필요한 핵심 비법을 익혀 보세요.

> **영작비법 07** 일반동사 현재시제의 평서문
>
> 1, 2인칭 주어 + **일반동사** + 목적어(명사)
> 3인칭 복수 주어 + **일반동사** + 목적어(명사)

❶ 1, 2인칭 주어 + 일반동사 + 목적어(명사)

I **learn** English. 나는 영어를 배운다.
We **watch** TV. 우리는 TV를 본다.
You **change** the channel. 너는 채널을 바꾼다.
I **have** an interview. 나는 인터뷰가 있다.

> **Point 1** be동사는 문장을 마무리만 할 뿐 특별한 의미가 없었던 반면, 문장을 마무리하면서 동시에 의미까지 가진 동사가 등장했어요! 바로 '일반동사'입니다.
>
> **Point 2** 일반동사의 경우, 주어의 인칭이 중요한데요. 1인칭 주어엔 I와 We가 있고, 2인칭 주어엔 You가 있어요. 이 주어들은 다행히도 일반동사의 형태에 영향을 미치지 않아요.

❷ 3인칭 복수 주어 + 일반동사 + 목적어(명사)

They **learn** English. 그들은 영어를 배운다.
Emma and Erin **fly** a paper plane. 엠마와 에린은 종이비행기를 날린다.
My parents **watch** TV. 나의 부모님은 TV를 보신다.
My friends **have** an interview. 내 친구들은 인터뷰가 있다.

> **Point 1** 3인칭 주어는 1, 2인칭 주어를 제외한 나머지 모든 주어를 뜻해요. 여기에서는 3인칭 '복수'이기 때문에 주어 자리에 여러 개 또는 여러 명에 해당하는 단어가 등장해야 한답니다.
>
> **Point 2** 3인칭 복수 주어도 일반동사의 형태에 영향을 미치지 않아요.

영작비법 08 — 일반동사 현재시제의 평서문

3인칭 단수 주어 + 일반동사(-s/-es/-ies) + 목적어(명사)

❶ 3인칭 단수 주어 + 일반동사 + 목적어(명사)

She **learns** English. 그녀는 영어를 배운다.
He **watches** TV. 그는 TV를 본다.
Emma **flies** a paper plane. 엠마는 종이비행기를 날린다.
Eric **has** an interview. 에릭은 인터뷰가 있다.
It **drinks** water. 그것은 물을 마신다.
My friend **studies** physics. 내 친구는 물리학을 공부한다.
My sister **likes** money. 내 여동생은 돈을 좋아한다.
She **makes** some cookies. 그녀는 쿠키를 좀 만든다.

Point 1 3인칭 단수 주어는 주어가 1, 2인칭이 아니면서 '한 개' 또는 '한 명'인 명사를 말해요. 이때는 동사에 영향을 미치기 때문에 동사의 형태에 주의해야 해요!

Point 2 3인칭 단수 주어가 등장했을 땐 일반동사에 -s/-es/-ies를 붙여야 한답니다. 따로 외우지 말고, 문장 연습을 통해 자연스럽게 익히는 것이 더 좋아요.

Point 3 3인칭 단수 주어에 따라 변하는 동사의 형태를 자세히 살펴보면, 보통 동사에 –s를 붙여 줍니다. 그러나 단어가 –o/-s/-sh/-ch 등으로 끝나면 –es를 붙이고, –y로 끝나면 'y'를 'i'로 고치고 -es를 붙여 주면 됩니다. 모든 단어들에 공통적으로 적용되는 것은 아니기 때문에, 문장을 통해 익히는 게 중요해요.

예) learn → learns
watch → watches
fly → flies

Unit 04 일반동사의 현재시제

워밍업 순간영작

영작비법에서 배운 어순에 맞춰 빈칸에 알맞은 말을 넣어, 문장을 완성해 보세요.

❶ I _____ a shower.
나는 샤워를 해.

❷ My father _____ a newspaper.
나의 아빠는 신문을 읽으셔.

❸ My mother _____ breakfast.
나의 엄마는 아침을 요리하셔.

❹ My little sister and I _____ the table.
나의 여동생과 나는 그 테이블을 세팅해.

❺ We _____ pajamas.
우리는 파자마를 입고 있지.

❻ We _____ breakfast together.
우리는 함께 아침을 먹어.

❼ The puppy _____ my mother.
그 강아지는 나의 엄마를 좋아해.

❽ He _____ water a lot.
그는 물을 많이 마셔.

❾ Emma _____ to work on weekdays.
엠마는 평일에 출근을 해.

❿ My family members _____ each other.
나의 가족 구성원들은 서로를 좋아해.

Vocabulary
take a shower 샤워를 하다   read 읽다   cook 요리하다   set 준비하다, 세팅하다   wear 입다
pajamas 파자마   eat/have 먹다   breakfast 아침   like 좋아하다   drink 마시다   a lot 많이
go to work 출근을 하다   on weekdays 평일에   family member 가족 구성원   each other 서로

어순 순간영작

같은 문장이라도 쉽다고 생각하지 말고, 어순에 맞게 순간 영작이 되도록 연습해 보세요. 7개 이상 맞혔다면, 영작 왕초보 탈출!

❶ _____ + _____ + _____
　　　나는　　　　　　　해　　　　　　　샤워를

❷ _____ + _____ + _____
　　나의 아빠는　　　　　읽으셔　　　　　　신문을

❸ _____ + _____ + _____
　　나의 엄마는　　　　　요리하셔　　　　　　아침을

❹ _____ + _____ + _____
　나의 여동생과 나는　　　　세팅해　　　　　그 테이블을

❺ _____ + _____ + _____
　　　우리는　　　　　　입고 있지　　　　　　파자마를

❻ _____ + _____ + _____ + _____
　　우리는　　　　　먹어　　　　　아침을　　　　　함께

❼ _____ + _____ + _____
　　그 강아지는　　　　　좋아해　　　　　　나의 엄마를

❽ _____ + _____ + _____ + _____
　　　그는　　　　　마셔　　　　　　물을　　　　　많이

❾ _____ + _____ + _____
　　　엄마는　　　　　　출근을 해　　　　　　평일에

❿ _____ + _____ + _____
　나의 가족 구성원들은　　　좋아해　　　　　　서로를

Unit 04 일반동사의 현재시제

생활 속 실전 영작 :

생활밀착형 문장들을 직접 영작해 보세요.
단어를 모를 때는 아래의 Hint를 참고합니다.

MP3_04

Emma Song
3월 1일 오후 5:30

❶ 내 남친이랑 나는 달라!!

_____

❷ 난 매일 아침 커피를 마셔, 근데 ❸ 걘 차를 마셔.

_____
but _____

❹ 난 면을 좋아해, 근데 ❺ 걘 밥을 좋아해.

_____
but _____

❻ 난 한가할 때 소설을 읽어, 근데 ❼ 걘 신문을 읽어.

_____
but _____

❽ 난 영어를 공부해, 근데 ❾ 걘 불어를 공부해.

_____
but _____

❿ 난 매일 밤 일찍 자, 근데 ⓫ 걘 늦게 자.

_____
but _____

Hint --

different 다른   **noodles** 면, 국수   **rice** 밥   **novel** 소설   **free time** 여가 시간
paper 신문   **French** 불어   **go to bed** 자러 가다   **early** 일찍   **late** 늦게

실전 영작 분석 :
실전 영작에서 써 본 문장들을 어순 연습을 통해 다시 한 번 정리해 보세요.

- 1, 2인칭 주어 / 3인칭 복수 주어 + 일반동사 + 목적어(명사)
- 3인칭 단수 주어 + 일반동사(-s/-es/-ies) + 목적어(명사)

❶ 내 남자친구와 나는 + 다르다
My boyfriend and I are different. → 'be동사 + 형용사' 구문이에요.
different는 '다른'이란 뜻을 가진 형용사입니다.

❷ 나는 + 마신다 + 커피를 + 매일 아침
I drink coffee every morning, → '마시다'는 일반동사 drink로 나타내면 되니,
더 이상 be동사가 필요하지 않아요.

❸ 그는 + 마신다 + 차를
he drinks tea. → 3인칭 단수 주어가 등장했네요. 동사의 형태에 주의하세요.

❹ 나는 + 좋아한다 + 면을
I like noodles, → '좋아하다'란 뜻을 가진 일반동사 like를 사용합니다.

❺ 그는 + 좋아한다 + 밥을
he likes rice. → 3인칭 단수 주어니까 동사에 변화를 주세요.

❻ 나는 + 읽는다 + 소설을 + 나의 여가 시간에
I read a novel in my free time, → '여가 시간'은 free time이에요.
'여가 시간에'라고 할 때는 전치사 in과 연결해 주세요.

❼ 그는 + 읽는다 + 신문을
he reads a paper. → 신문은 newspaper, paper 둘 다 됩니다.

❽ 나는 + 공부한다 + 영어를
I study English, → '언어'는 첫 철자를 대문자로 나타냅니다.
그렇기 때문에 English(영어)도 대문자로 써야 합니다.

❾ 그는 + 공부한다 + 불어를
he studies French. → French(불어)도 마찬가지예요.

❿ 나는 + 자러 간다 + 일찍 + 매일 밤
I go to bed early every night, → go to bed라는 표현이 '자러 가다'라는 뜻이에요.

⓫ 그는 + 자러 간다 + 늦게
he goes to bed late → go라는 일반동사가 3인칭 단수 주어를 만났어요.
'-o'로 끝났으니, '-es'를 붙여 주세요.

한 단계 업그레이드! : 문단 속에서 영작을 해 볼 차례입니다. 우리말을 영어로 바꿔 쓰면서 실력을 한 단계 더 업그레이드 해 보세요!

❶ _____.
    ↳ 가이아는 케이팝 음악을 좋아해

Whenever I see her, ❷ _____.
                      ↳ 그녀는 케이팝 노래를 듣고 있어

She can't understand the meaning, but ❸ _____
                                         ↳ 그녀는 그 멜로디를 좋아해

_____.

❹ _____ that I don't know.
   ↳ 그녀는 심지어 케이팝 스타들도 알아

There are a lot of foreigners like her who like K-pop.

❺ _____.
   ↳ 전 세계의 많은 사람들이 케이팝을 정말 좋아해

문장확인!

가이아는 케이팝 음악을 좋아해. 내가 그녀를 볼 때마다, 케이팝 노래를 듣고 있어.
그녀는 그 의미를 이해할 순 없지만, 그 멜로디를 좋아해.
그녀는 심지어 내가 모르는 케이팝 스타들도 알아.
그녀처럼 케이팝을 좋아하는 외국인들이 많아. 전 세계의 많은 사람들이 케이팝을 정말 좋아해.

Hint

listen to ~을 듣다   melody 멜로디   even 심지어   know 알다   around the world 전 세계

Unit 05

일반동사 현재시제의 부정문/의문문

:

Does Emma like her students?
엠마는 그녀의 학생들을 좋아해?

> **영작 시크릿 노트 :** 영작비법과 그에 해당하는 예문을 통해 말하기와 영작에 꼭 필요한 핵심 비법을 익혀 보세요.

영작비법 09 일반동사 현재시제의 부정문

주어 + do/does + not + 일반동사 + 목적어(명사)

❶ **1, 2인칭 /3인칭 복수 주어 + do + not + 일반동사 + 목적어(명사)**

I **don't** learn Chinese. 나는 중국어를 배우지 <u>않는다</u>.
We **don't** wear gloves. 우리는 장갑을 끼지 <u>않는다</u>.
You **don't** watch a movie. 너는 영화를 보지 <u>않는다</u>.
They **don't** have a meeting. 그들은 회의가 있지 <u>않다</u>.

> **Point 1** 일반동사를 부정할 때는 do not을 사용하고, don't로 축약해서 쓸 수 있습니다.
> 'don't + 일반동사'의 어순을 기억하세요.
> **Point 2** don't 뒤에는 항상 '동사원형'이 온답니다.

❷ **3인칭 단수 주어 + does + not + 일반동사 + 목적어(명사)**

She **doesn't** learn Chinese. 그녀는 중국어를 배우지 <u>않는다</u>.
He **doesn't** wear gloves. 그는 장갑을 끼지 <u>않는다</u>.
Emma **doesn't** fix a computer. 엠마는 컴퓨터를 고치지 <u>않는다</u>.
My friend **doesn't** have a meeting. 내 친구는 회의가 있지 <u>않다</u>.

> **Point 1** 3인칭 단수 주어를 만났을 때는 do not(don't)를 does not(doesn't)으로 바꿔 주면 됩니다.
> **Point 2** doesn't 뒤에도 항상 동사원형을 써야 해요.

영작비법 10   일반동사 현재시제의 의문문

Do/Does + 주어 + 일반동사 + 목적어(명사) + ?

❶ Do + 주어 + 일반동사 + 목적어(명사) + ?

Do you learn Chinese? 너는 중국어를 배우니?
Do they wear gloves? 그들은 장갑을 끼니?
Do my parents watch a movie? 내 부모님은 영화를 보니?
Do they have a meeting? 그들은 회의가 있니?

> **Point 1** 일반동사가 사용된 문장을 의문문으로 바꿔 볼까요? be동사가 쓰인 문장은 be동사와 주어의 위치를 바꿔서 be동사를 문장 맨 앞에 위치시켰죠? 일반동사 문장은 'do'를 맨 앞에 쓰면 됩니다.
>
> **Point 2** 주어가 중간에 끼어 있다 할지라도, do 뒤에는 동사원형입니다.

❷ Does + 주어 + 일반동사 + 목적어(명사) + ?

Does she learn Chinese? 그녀는 중국어를 배우니?
Does he wear gloves? 그는 장갑을 끼니?
Does Emma fix a computer? 엠마는 컴퓨터를 고치니?
Does my friend have a meeting? 내 친구는 회의가 있니?

> **Point 1** 주어가 3인칭 단수일 때, 부정문에서 don't 대신 doesn't를 썼던 거 기억하시죠? 의문문에서도 do 대신 does를 사용하면 됩니다.
>
> **Point 2** 역시 주어가 중간에 있더라도 does 뒤에 동사원형을 쓰세요.

워밍업 순간영작 :
영작비법에서 배운 어순에 맞춰 빈칸에 알맞은 말을 넣어, 문장을 완성해 보세요.

❶ They _____ have chemistry.

걔네는 케미가 없어.

❷ We _____ miss Emma's class.

우리는 엠마의 수업을 놓치지 않아.

❸ Emma _____ skip dinner.

엠마는 저녁을 거르지 않아.

❹ _____ you change the subject?

너 화제 돌리니?

❺ _____ Emma live in Seoul?

엠마는 서울에 사니?

❻ _____ your dog bite people?

너의 개는 사람들을 무니?

❼ _____ they decide everything?

그들이 모든 것을 결정하니?

❽ _____ Eric teach English?

에릭은 영어를 가르치니?

❾ Some people _____ protect nature.

어떤 사람들은 자연을 보호하지 않아.

❿ He _____ trust himself.

그는 그 자신을 믿지 않아.

Vocabulary

have chemistry 케미(사람 간의 화학 반응)가 있다   **miss** 놓치다   **class** 수업
skip 거르다, 건너뛰다   **change** 바꾸다   **subject** 주제   **live** 살다   **bite** 물다   **decide** 결정하다
protect 보호하다   **nature** 자연   **trust** 믿다   **himself** 그 자신

48

생활 속 실전 영작 :
생활밀착형 문장들을 직접 영작해 보세요.
단어를 모를 때는 아래의 Hint를 참고합니다.

MP3_05

❶ 너 영어 좋아해?
_____

응, ❷ 진짜 좋아해. Yes, _____

그럼, ❸ 너 엠마 알아? Then, _____

아니, ❹ 몰라. 누구야?
No, _____ Who is she?

❺ 유명한 영어 쌤이야.
_____

❻ 많은 학생들이 그 쌤을 알아.
_____

❼ 걔네는 그 쌤이랑 영어 공부하는 거야?
_____

응, ❽ 내 친구도 지금 그 쌤이랑 공부해.
Yes, _____

❾ 그 쌤 수업 많이 하셔?
_____

아니, ❿ 많이 하진 않으셔.
No, _____

Hint

like 좋아하다   know 알다   who is~? ~는 누구야?   famous 유명한   study 공부하다
with ~와 함께   many 많은   have 가지다   class 수업

실전 영작 분석 :
실전 영작에서 써 본 문장들을 어순 연습을 통해 다시 한 번 정리해 보세요.

- 주어 + do/does + not + 일반동사 + 목적어(명사)
- Do/Does + 주어 + 일반동사 + 목적어(명사) + ?

❶ 너는 + 좋아하니? + 영어를
Do you like English? → 일반동사의 의문문이니 'do'를 떠올리세요.

❷ 나는 + 진짜로 좋아해 + 영어를
I really like English. → 부사인 really(정말로)가 일반동사를 만나면 주로 일반동사 앞에 넣어 줍니다.

❸ 너는 + 아니? + 엠마를
do you know Emma? → 일반동사의 의문문이에요.

❹ 나는 + 알지 못한다 + 엠마를
I don't know Emma. → 일반동사의 부정문입니다. 주어가 1인칭이니까 don't를 쓰면 되겠죠?

❺ 그녀는 + 유명한 영어 선생님이다
She is a famous English teacher. → 'be동사 + 명사' 구문이에요.
'관사(a) + 형용사(famous) + 명사(English teacher)' 어순을 확인하세요.

❻ 많은 학생들이 + 안다 + 그 선생님을
Many students know her. → many(많은)는 형용사로서 뒤에 복수명사가 오기 때문에 students로 써야 합니다.

❼ 그들은 + 공부하니? + 영어를 + 그 선생님과 함께
Do they study English with her? → with는 '~와 함께'라는 뜻을 가진 전치사랍니다.

❽ 내 친구는 + 공부한다 + 영어를 + 그 선생님과 함께 + 지금
my friend studies English with her now. → 일반동사의 평서문입니다.
My friend는 3인칭 단수니까 일반동사 study는 studies로 바꿔야 해요.

❾ 그 선생님은 + 갖고 있니? + 많은 수업들을
Does she have many classes? → 일반동사의 의문문으로, 주어인 she(그녀)가 3인칭 단수이니 does를 맨 앞에 써 주면 됩니다.

❿ 그 선생님은 + 갖고 있지 않다 + 많은 수업들을
she doesn't have many classes. → 일반동사의 부정문입니다.
주어가 3인칭 단수이므로 doesn't를 써서 나타냅니다.

한 단계 업그레이드!

문단 속에서 영작을 해 볼 차례입니다. 우리말을 영어로 바꿔 쓰면서 실력을 한 단계 더 업그레이드 해 보세요!

Hello, there!

❶ _____? I'm taking care of your dog well.
   → 너 나 보고 싶어?

❷ _____, but
   → 내 강아지는 낯선 사람들을 좋아하지 않아

❸ _____. Whenever my
   → 네 개는 모든 사람을 좋아해

puppy hears strange sounds, ❹ _____.
   → 그는 짖어

However, ❺ _____. ❻ _____
   → 네 개는 짖지 않아

_____? I will give your dog some snacks.
   → 네 개는 연어를 좋아하니?

Take care!

✔ 문장 확인!

안녕!
나 보고 싶어? 네 개는 내가 잘 돌보고 있어. 내 강아지는 낯선 사람들을 좋아하지 않는데, 네 개는 모든 사람들을 좋아해. 내 강아지는 이상한 소리를 들을 때마다 짖어. 근데 네 개는 짖지 않아. 네 개는 연어를 좋아하니? 네 개한테 간식을 좀 주려고.
잘 지내!

Hint

miss 그리워하다, 보고 싶다   **stranger** 낯선 사람   **everyone** 모든 사람   **bark** 짖다   **salmon** 연어

Unit 06

일반동사 과거시제의 평서/부정/의문문

Emma had a boyfriend.
엠마는 남자친구가 있었어.

영작 시크릿 노트 : 영작비법과 그에 해당하는 예문을 통해 말하기와 영작에 꼭 필요한 핵심 비법을 익혀 보세요.

영작비법 11 — 일반동사 과거시제의 평서문

주어 + 과거 일반동사 + 목적어(명사)

❶ 주어 + 과거 일반동사(규칙동사) + 목적어(명사)

You **cleaned** the house. 너는 집을 청소했다.
We **wanted** caffeine. 우리는 카페인을 원했다.
They **hated** ghosts. 그들은 귀신을 싫어했다.
I **moved** the desk. 나는 그 책상을 이동시켰다.

> **Point 1** 동사가 시제를 결정한다는 것, 기억하시죠? 일반동사도 '과거시제'를 나타내기 위해서 형태가 조금씩 바뀌어요. 과거시제에서는 일반동사라도 주어의 인칭을 신경 쓸 필요가 전혀 없답니다.
>
> **Point 2** 규칙적으로 변하는 과거 일반동사는 주로 동사에 '-ed'를 붙이는 경우가 많아요. 그러나 단어가 e로 끝날 때에는 d만 붙여 주면 됩니다.

❷ 주어 + 과거 일반동사(불규칙동사) + 목적어(명사)

I **took** a shower. 나는 샤워를 했다.
She **forgot** my name. 그녀는 내 이름을 잊었다.
Emma **had** a dream. 엠마는 꿈이 있었다.
It **made** a miracle. 그것은 기적을 만들어냈다.

> **Point 1** 과거시제로 쓸 때 불규칙하게 변신하는 동사들이에요.
>
> **Point 2** take은 took, forget은 forgot, have는 had, make는 made로 변해요. 불규칙동사는 워낙 다양해서 한 번에 외우기 보다는 여러 문장을 접하면서 익히면 된답니다.

영작비법 12   일반동사 과거시제의 부정문, 의문문

주어 + did + not + 일반동사 + 목적어(명사)
Did + 주어 + 일반동사 + 목적어(명사) + ?

❶ 주어 + did + not + 일반동사 + 목적어(명사)

You **didn't** have a dream. 너는 꿈이 있지 <u>않았다</u>.
We **didn't** clean the house. 우리는 집을 청소하지 <u>않았다</u>.
She **didn't** want caffeine. 그녀는 카페인을 원하지 <u>않았다</u>.
Emma and Erin **didn't** hate ghosts. 엠마와 에린은 귀신을 싫어하지 <u>않았다</u>.

> **Point 1** 일반동사 과거시제 부정문도 현재시제 부정문에서 일반동사 앞에 don't(doesn't)를 넣었던 것처럼 do의 과거형 did를 쓰면 됩니다. 그래서 did not(didn't)이 되고, 부정문도 마찬가지로 주어의 인칭을 신경 쓰지 않아도 돼요.
>
> **Point 2** 'do' 뒤에 동사원형이 오는 거 아시죠? didn't 뒤에도 동사원형을 써야 해요.

❷ Did + 주어 + 일반동사 + 목적어(명사) + ?

Did Elisa take a shower? 엘리사는 샤워를 했니?
Did she forget my name? 그녀는 내 이름을 잊었니?
Did Emma have a dream? 엠마는 꿈이 있었니?
Did it make a miracle? 그건 기적을 만들어냈니?

> **Point 1** 일반동사의 과거 의문문도 주어에 관계 없이 did를 문장의 맨 앞에 놓으면 돼요.
>
> **Point 2** Did와 동사 사이에 주어가 있더라도 동사원형을 써야 한답니다.

워밍업 순간영작 :
영작비법에서 배운 어순에 맞춰 빈칸에 알맞은 말을 넣어, 문장을 완성해 보세요.

❶ They _____ at work.
그들은 직장에서 만났어.

❷ They _____ each other.
그들은 서로를 좋아했어.

❸ The man _____ understand her.
그 남자는 그녀를 이해하지 않았어.

❹ They _____ like each other anymore.
그들은 서로를 더 이상 좋아하지 않았어.

❺ _____ he really like her?
그는 그녀를 정말로 좋아했던 걸까?

❻ _____ they really love each other?
그들은 서로를 정말로 사랑했던 걸까?

❼ She _____ look at him.
그녀는 그를 쳐다보지 않았어.

❽ He _____ talk to her.
그는 그녀에게 말을 걸지 않았어.

❾ _____ she regret the parting?
그녀는 그 이별을 후회했을까?

❿ _____ he miss her?
그는 그녀를 그리워했을까?

Vocabulary
meet 만나다　**at work** 직장에서　**each other** 서로　**understand** 이해하다　**anymore** 더 이상
love 사랑하다　**look at** (쳐다)보다　**talk to** ~에게 말을 걸다　**regret** 후회하다　**parting** 이별
miss 그리워하다

어순 순간영작

같은 문장이라도 쉽다고 생각하지 말고, 어순에 맞게 순간 영작이 되도록 연습해 보세요. 7개 이상 맞혔다면, 영작 왕초보 탈출!

❶ _____ + _____ + _____
　　그들은　　　　　　만났어　　　　　　직장에서

❷ _____ + _____ + _____
　　그들은　　　　　　좋아했어　　　　　서로를

❸ _____ + _____ + _____
　　그 남자는　　　이해하지 않았어　　　그녀를

❹ _____ + _____ + _____ + _____
　　그들은　　좋아하지 않았어　　서로를　　더 이상

❺ _____ + _____ + _____ + _____ + _____
　　　　　　그는　　정말로　　좋아했던 걸까?　그녀를

❻ _____ + _____ + _____ + _____ + _____
　　　　　그들은　　정말로　　사랑했던 걸까?　서로를

❼ _____ + _____ + _____
　　그녀는　　　　쳐다보지 않았어　　　　그를

❽ _____ + _____ + _____
　　그는　　　　말을 걸지 않았어　　　　그녀에게

❾ _____ + _____ + _____ + _____
　　　　그녀는　　　후회했을까?　　　그 이별을

❿ _____ + _____ + _____ + _____
　　　　그는　　　그리워했을까?　　　그녀를

Unit 06 일반동사 과거시제의 평서/부정/의문문

생활 속 실전 영작 :

생활밀착형 문장들을 직접 영작해 보세요.
단어를 모를 때는 아래의 Hint를 참고합니다.

MP3_06

Bonnie Lee
3월 2일 오후 11:30

❶ 나는 17살에 내 첫사랑을 만났어.
_____

❷ 나는 그를 버스 정류장에서 처음 봤어.
_____

❸ 그는 안경을 썼고, ❹ 갈색 눈을 가지고 있었어.
_____ and
_____

그 당시에, ❺ 나는 남친이 없었거든.
At that time, _____

❻ 우리는 사랑에 빠졌어.
_____

❼ 우리는 매일 밤 통화를 했고, ❽ 우리는 일요일마다 데이트를 했어.
_____ and
_____

그래서, ❾ 우리는 결혼을 했을까?
So, _____

응, ❿ 했어!
Yes, _____

Hint

first love 첫사랑   at the bus stop 버스 정류장에서   wear 입다, 착용하다   glasses 안경   brown 갈색
at that time 그 당시에   fall in love 사랑에 빠지다   call 전화하다   date 데이트하다
get married 결혼을 하다

실전 영작 분석 :
실전 영작에서 써 본 문장들을 어순 연습을 통해 다시 한 번 정리해 보세요.

- 주어 + 과거 일반동사 + 목적어(명사)
- 주어 + did + not + 일반동사 + 목적어(명사)
- Did + 주어 + 일반동사 + 목적어(명사) + ?

❶ 나는 + 만났다 + 내 첫 사랑을 + 17살에
I met my first love at 17. → 과거에 있었던 일이니, 과거 동사로 시제를 맞춰 주세요. meet(만나다)의 과거형태는 met입니다. 그리고 나이를 나타낼 때는 전치사 at을 씁니다.

❷ 나는 + 처음 봤다 + 그를 + 버스 정류장에서
I first saw him at the bus stop. → see(보다)의 과거 형태는 saw입니다. 정확하고 좁은 장소를 나타낼 때에도, 전치사 at을 써요.

❸ 그는 + 썼다 + 안경을
He wore glasses. → '입다, 착용하다'라는 뜻의 wear의 과거 시제는 wore이에요.

❹ 그는 + 가지고 있었다 + 갈색 눈을
he had brown eyes. → have(가지다)를 had로 바꾸면 됩니다.

❺ 나는 + 가지고 있지 않았다 + 남자친구를
I didn't have a boyfriend. → 과거시제니 'didn't + 동사원형' 구문을 활용하면 돼요.

❻ 우리는 + 사랑에 빠졌다
We fell in love. → fall(빠지다)을 과거로 바꾸면 fell이에요.

❼ 우리는 + 전화했다 + 매일 밤
We called every night. → call(전화하다)은 과거시제일 땐 called로 쓰면 돼요.

❽ 우리는 + 데이트했다 + 일요일마다
we dated every Sunday. → date(데이트하다)의 과거형은 dated입니다.

❾ 우리는 + 결혼을 했을까?
did we get married? → get married(결혼하다)를 과거로 바꾸면 got married예요.

❿ 우리는 + 했다
we did! → 여기서 등장하는 do는 우리가 부정문이나 의문문을 만들 때 사용하는 'do'가 아니라 '하다'라는 의미를 가진 일반동사예요. (예) 내 숙제를 하다 do my homework)

Unit 06 일반동사 과거시제의 평서/부정/의문문

한 단계 업그레이드!

문단 속에서 영작을 해 볼 차례입니다. 우리말을 영어로 바꿔 쓰면서 실력을 한 단계 더 업그레이드 해 보세요!

❶ _____.
  → 나와 내 동료들은 지난 주에 크리스마스 파티를 했다

❷ _____, and ❸ _____
  → 우린 맛있는 음식을 좀 먹었다   → 우린 사진을 찍었다

_____.

The most important event was Secret Santa. ❹ _____

_____, but one of us ❺ _____
  → 우리는 서로를 위한 선물을 좀 준비했다   → 선물을 준비하지 않았다

_____.

❻ _____, but ❼ _____
  → 그는 급하게 서둘렀다

_____.
  → 그는 어떤 것도 사지 못했다

❽ _____ though.
  → 우리는 좋은 시간을 보냈다

📝 문장 확인!

나와 내 동료들은 지난 주에 크리스마스 파티를 했다.
우리는 맛있는 음식을 먹었고, 우린 사진을 찍었다.
가장 중요한 이벤트는 시크릿 산타였다. 우리는 서로를 위한 선물을 좀 준비했는데, 우리 중 한 명이 선물을 준비하지 않았다.
그는 급하게 서둘렀지만 어떤 것도 사지 못했다.
그럼에도 우리는 좋은 시간을 보냈다.

Hint

colleague 동료   last week 지난 주   delicious 맛있는   take a picture 사진을 찍다
prepare 준비하다   gift 선물   each other 서로   hurry up 서두르다   buy 사다   anything 어떤 것

Unit 07

to 부정사 (~하기 위해서)

Emma lives to eat.
엠마는 먹기 위해 산다.

> **영작 시크릿 노트 :** 영작비법과 그에 해당하는 예문을 통해 말하기와 영작에 꼭 필요한 핵심 비법을 익혀 보세요.

영작비법 13 to 부정사 만들기

to + 동사원형

❶ to 부정사 (to + 동사원형)

to go 가기 위해서
to buy 사기 위해서
to pass 통과하기 위해서
to meet 만나기 위해서

> **Point 1** 'to 부정사'란 to 뒤에 '동사원형'을 쓰는 것을 의미해요.
> **Point 2** to 부정사에는 다양한 의미가 있는데, 이번 Unit에서는 목적을 나타내는 to 부정사를 공부해 볼게요. '~하기 위해서' 또는 '~하러'라고 해석하면 됩니다.

❷ to 부정사 확장하기

to go to work 출근하기 위해서
to buy some milk 우유를 좀 사기 위해서
to pass the test 그 시험에 통과하기 위해서
to meet my friend 내 친구를 만나기 위해서

> **Point 1** to 부정사 뒤에 단어나 표현을 연결하여 확장할 수도 있어요.
> **Point 2** go to work는 '출근하다'라는 뜻으로 해석하면 자연스럽습니다.

영작비법 14 ▸ to 부정사 활용하기

문장 + to 부정사 / to 부정사, 문장

❶ 문장 + to 부정사

He called me **to tell** the truth. 그는 진실을 말하기 위해서 나한테 전화했다.
She stole money **to buy** some milk. 그녀는 우유를 좀 사기 위해서 돈을 훔쳤다.
Emma studies **to pass** the test. 엠마는 그 시험에 통과하기 위해서 공부한다.
I shaved **to meet** my friend. 나는 내 친구를 만나기 위해서 면도했다.

> **Point 1** '~하기 위해서' 또는 '~하러'라는 뜻으로 to 부정사를 사용할 때, 문장 뒤에 붙여서 연결만 해 주면 됩니다.
>
> **Point 2** 간단한 문장 뒤에도 to 부정사를 연결하면 문장을 더 길게 만들 수 있답니다.

❷ to 부정사, 문장

To tell the truth, he called me. 진실을 말하기 위해서, 그는 나에게 전화했다.
To buy some milk, she stole money. 우유를 좀 사기 위해서, 그녀는 돈을 훔쳤다.
To pass the test, Emma studies. 그 시험에 통과하기 위해서, 엠마는 공부한다.
To meet my friend, I shaved. 내 친구를 만나기 위해서, 나는 면도했다.

> **Point 1** to 부정사가 '~하기 위해서' 또는 '~하러'라는 목적을 나타내는 의미로 쓰였을 때는 to 부정사 부분을 문장의 맨 앞으로 위치시킬 수 있어요.
>
> **Point 2** to 부정사가 문장의 맨 앞에 올 때는 comma(,)를 찍고 문장을 연결해 주세요.

워밍업 순간영작 :
영작비법에서 배운 어순에 맞춰 빈칸에 알맞은 말을 넣어, 문장을 완성해 보세요.

❶ I met Emma _____ English.

나는 영어를 <u>공부하기 위해</u> 엠마를 만났어.

❷ He opened the window _____ .

그는 <u>방귀를 뀌기 위해</u> 창문을 열었어.

❸ Emma closed her eyes _____ grace.

엠마는 <u>식전기도를 하기 위해</u> 눈을 감았어.

❹ I skipped lunch _____ weight.

나는 <u>살을 빼기 위해</u> 점심을 걸렀어.

❺ Erin crammed _____ .

에린은 <u>졸업을 하기 위해</u> 벼락치기로 공부했어.

❻ She approached him _____ .

그녀는 <u>키스를 하기 위해</u> 그에게 다가갔어.

❼ _____ some clothes, I went to the department store.

옷을 좀 <u>사기 위해</u>, 나는 백화점에 갔어.

❽ _____ some books, she visited the library.

책을 좀 <u>빌리기 위해</u>, 나는 도서관을 방문했어.

❾ _____ a book, I sat down.

책을 <u>읽기 위해</u>, 나는 앉았다.

❿ _____ to the party, Emma and Erin dressed up.

파티에 <u>가기 위해</u>, 엠마와 에린은 옷을 차려 입었어.

Vocabulary

meet 만나다 **open** 열다 **fart** 방귀를 뀌다 **close** 닫다, 감다 **say grace** 식전 기도를 하다
skip 거르다 **lose weight** 살을 빼다 **cram** 벼락치기로 공부하다 **graduate** 졸업하다
approach 다가가다 **get** 사다 **clothes** 옷 **department store** 백화점 **borrow** 빌리다
library 도서관 **read** 읽다 **sit down** 앉다 **dress up** 옷을 차려 입다

어순 순간영작 :
같은 문장이라도 쉽다고 생각하지 말고, 어순에 맞게 순간 영작이 되도록 연습해 보세요. 7개 이상 맞혔다면, 영작 왕초보 탈출!

Unit 07 to 부정사 (~하기 위해서)

생활 속 실전 영작 :
생활밀착형 문장들을 직접 영작해 보세요.
단어를 모를 때는 아래의 Hint를 참고합니다.

MP3_07

Emma Song
2월 25일 오후 11:00

❶ 난 조와 함께 운동을 하러 체육관에 갔다.
_____

❷ 운동 후에 난 점심을 먹으러 맥도날드에 갔다.
_____

❸ 나는 커피를 사러 카페에 갔다.
_____

그런 다음 ❹ 난 잠을 자러 집에 갔다.
And then _____

❺ 그는 친구들을 만나러 센트럴 시티에 갔다.
_____

❻ 그는 술을 마시며 춤을 추려고 클럽에 갔다.
_____

Hint

gym 체육관   **exercise** 운동을 하다, 운동   **have** 가지다, 먹다   **go home** 집에 가다   **sleep** 자다
beer 맥주

> **실전 영작 분석 :** 실전 영작에서 써 본 문장들을 어순 연습을 통해 다시 한 번 정리해 보세요.

- to + 동사원형
- 문장 + to 부정사 / to 부정사, 문장

① 나는 + 갔다 + 체육관에 + 운동을 하러 + 조와 함께
I went to the gym to exercise with Joe. → exercise는 '운동을 하다'라는 동사와, '운동'이라는 명사로 쓰일 수 있어요. 여기에서는 to 뒤에 동사원형으로 연결되어 쓰인 to 부정사입니다. 그런데 went to the gym에서의 to는 뒤에 '명사(the gym)'를 취하기 때문에 방향을 나타내는 전치사입니다.

② ~후에 + 운동 + 나는 + 갔다 + 맥도날드에 + 먹으러 + 점심을
After exercise I went to McDonald to have lunch.
→ after는 '~후에'라는 뜻의 전치사로 쓰일 수 있어요. 그래서 뒤에 명사 exercise(운동)가 등장했네요.

③ 나는 + 갔다 + 카페에 + 사러 + 커피를
I went to the cafe to get some coffee.
→ get은 buy 대신에 '사다'라는 의미로 쓰일 수 있답니다.

④ 나는 + 갔다 + 집에 + 잠을 자러
I went home to sleep. → '집에 가다'는 전치사나 관사 없이 그냥 go home이라고 합니다. 여기서는 '집에 갔다'라는 과거 시제이므로 went home이라고 쓰면 돼요.

⑤ 그는 + 갔다 + 센트럴 시티에 + 만나러 + 그의 친구들을
He went to Central City to meet his friends. → '~하러'는 to 부정사로 표현하면 되겠죠?

⑥ 그는 + 갔다 + 클럽에 + 춤을 추기 위해 + 맥주를 가지고
He went to a club to dance with beer. → 역시나 '춤을 추기 위해'라고 할 때에도 to 부정사를 쓰면 됩니다. 술을 마시며 춤을 춘다는 것은 직역해 보면 맥주를 들고 춤을 춘다는 의미로 나타낼 수 있으니 전치사 with를 쓰면 돼요.

한 단계 업그레이드!

문단 속에서 영작을 해 볼 차례입니다. 우리말을 영어로 바꿔 쓰면서 실력을 한 단계 더 업그레이드 해 보세요!

❶ _____.
  └ 엠마는 그녀의 남친을 만나기 위해 옷을 차려 입었어

❷ _____.
  └ 그녀는 도산공원에 가기 위해 버스를 탔지

Emma and her boyfriend met in front of the park.

❸ _____.
  └ 그들은 점심을 먹으러 식당으로 갔어

❹ _____,' _____.
  └ 주문을 하려고 엠마는 웨이터를 불렀어

After lunch, ❺ _____.
  └ 그들은 산책을 하러 그 공원으로 다시 갔어

문장 확인!

엠마는 그녀의 남친을 만나기 위해 옷을 차려 입었어. 그녀는 도산공원에 가기 위해 버스를 탔지. 엠마와 그녀의 남친은 그 공원 앞에서 만났어. 그들은 점심을 먹으러 식당으로 갔어. 주문을 하려고 엠마는 웨이터를 불렀어. 점심을 먹은 후, 그들은 산책을 하러 그 공원으로 다시 갔어.

Hint

dress up 옷을 차려 입다   **get on a bus** 버스에 타다   **order** 주문하다   **ask for** ~를 부르다
go back 다시 돌아가다   **take a walk** 산책하다

Unit 08
등위 접속사

Emma is kind and clever.
엠마는 친절하고 똑똑해요.

영작 시크릿 노트 : 영작비법과 그에 해당하는 예문을 통해 말하기와 영작에 꼭 필요한 핵심 비법을 익혀 보세요.

영작비법 15 — 등위 접속사

문장 + and/but/so + 문장

❶ 문장 + and/but + 문장

I like you **and** you like me. 나는 너를 좋아하고 너도 나를 좋아해.

I reserve a hotel **and** my sister books our air tickets.
나는 호텔을 예약하고 내 동생은 우리 비행기 표를 예매한다.

She studies **but** her friend plays. 그녀는 공부를 하지만 그녀의 친구는 논다.

Emma is positive **but** Erin is negative. 엠마는 긍정적이지만 에린은 부정적이다.

> **Point 1** 등위 접속사는 앞과 뒤를 똑같은 형태로 연결하는 접속사란 뜻입니다. 일반적인 접속사는 문장만 연결이 가능하지만, 등위 접속사는 형용사와 형용사, 명사와 명사 등 같은 형태를 연결할 수 있어요.
>
> **Point 2** and는 '그리고', but은 '그러나, 하지만'이라는 뜻이에요.

❷ 문장 + so + 문장

He overate **so** he gained weight. 그는 과식해서 살이 쪘다.

Emma overslept **so** she was late for school. 엠마는 늦잠을 자서 학교에 늦었다.

They skipped breakfast **so** they were hungry. 그들은 아침을 걸러서 배가 고팠다.

She was happy **so** she paid for dinner. 그녀는 행복해서 저녁 값을 냈다.

> **Point 1** so(그래서)도 등위 접속사예요. 그러나 and/but과는 달리 문장끼리만 연결이 가능합니다.

영작비법 16 ▶ 등위 접속사

단어 + and/but + 단어

❶ 형용사 + and/but + 형용사

Emma is pretty and kind. 엠마는 예쁘고 친절하다.
They were always hungry and tired. 그들은 항상 배고프고 피곤했다.
Emma was rude but smart. 엠마는 무례했지만 똑똑했다.
My puppy is wild but quick-witted. 내 강아지는 사납지만 눈치가 빠르다.

> **Point 1** 등위 접속사의 앞 단어가 형용사면 뒤에도 형용사가 나와야 해요.
> **Point 2** 네 번째 예문의 quick-witted는 '눈치가 빠른'이란 뜻의 형용사예요.

❷ 명사 + and + 명사

Emma had snacks and coffee. 엠마는 스낵과 커피를 먹었다.
This purse and bag are my style. 이 지갑과 가방은 내 스타일이다.
I want water and orange juice. 나는 물과 오렌지 주스를 원해.
This book and magazine were interesting. 이 책과 잡지는 재미있었어.

> **Point 1** 역시나 앞에 명사가 등장하면 뒤에도 명사가 와야 합니다.
> **Point 2** 네 번째 예문처럼 주어 자리에 명사와 명사가 and로 연결되어 등장하면 동사도 복수로 표현해요.

워밍업 순간영작 :
영작비법에서 배운 어순에 맞춰 빈칸에 알맞은 말을 넣어, 문장을 완성해 보세요.

❶ I sing _____ he dances.

나는 노래를 하지만 그는 춤을 춰.

❷ Now I want coffee _____ music.

지금 나는 커피와 음악을 원해.

❸ It was a Kodak moment, _____ I took pictures.

놓치기 아쉬운 순간이어서, 나는 사진을 찍었어.

❹ I am sick _____ queasy.

나 멀미가 나고 느글거려.

❺ Emma resembles a hamster _____ a rabbit.

엠마는 햄스터랑 토끼를 닮았어.

❻ The house is old _____ creepy.

그 집은 낡고 으스스해.

❼ Emma is in London _____ Erin is in Busan.

엠마는 런던에 있고 에린은 부산에 있어.

❽ I hate flies _____ mosquitoes.

나는 파리랑 모기를 싫어해.

❾ My father turned on the TV _____ he read a newspaper.

나의 아빠는 TV를 켜 놨지만 신문을 읽으셨어.

❿ He is handsome _____ he is popular.

그는 잘생겨서 인기가 많아.

Vocabulary

sing 노래하다 dance 춤추다 want 원하다 music 음악 a Kodak moment 놓치기 아쉬운 순간
take a picture 사진을 찍다 sick 멀미 나는 queasy 느글거리는 hamster 햄스터 rabbit 토끼
resemble 닮다 old 낡은 creepy 으스스한 hate 싫어하다 fly 파리 mosquito 모기
turn on 켜다 handsome 잘생긴 popular 인기 있는

어순 순간영작 :
같은 문장이라도 쉽다고 생각하지 말고, 어순에 맞게 순간 영작이 되도록 연습해 보세요. 7개 이상 맞혔다면, 영작 왕초보 탈출!

❶ _____ + _____ + _____ + _____ + _____
　　나는　　　노래한다　　하지만　　　그는　　　춤을 춰

❷ _____ + _____ + _____ + _____ + _____ + _____
　　지금　　　나는　　　원해　　　커피　　　그리고　　음악을

❸ _____ + _____ + _____ + _____ + _____
　그것은　　놓치기 아쉬운 순간이었다　　그래서　　나는　　사진을 찍었어

❹ _____ + _____ + _____ + _____
　　나는　　　멀미가 나　　그리고　　느글거려

❺ _____ + _____ + _____ + _____ + _____
　엠마는　　　닮았어　　　햄스터　　그리고　　토끼를

❻ _____ + _____ + _____ + _____
　그 집은　　　낡았어　　그리고　　으스스해

❼ _____ + _____ + _____ + _____ + _____
　엠마는　　런던에 있어　　그리고　　에린은　　부산에 있어

❽ _____ + _____ + _____ + _____ + _____
　　나는　　　싫어해　　　파리　　그리고　　모기를

❾ _____ + ___ + _____ + ___ + ___ + _____ + ___
나의 아빠는　켰다　　TV를　　그러나　그는　읽으셨어　신문을

❿ _____ + _____ + _____ + _____ + _____
　　그는　　　잘생겼어　　그래서　　그는　　인기가 많아

생활 속 실전 영작 :

생활밀착형 문장들을 직접 영작해 보세요.
단어를 모를 때는 아래의 Hint를 참고합니다.

MP3_08

Emma Song
3월 1일 오후 5:30

❶ 이건 한 여자에 관한 이야기야.

❷ 그녀는 영어를 잘 하지 않았어. ❸ 그러나 그녀는 그것을 정말로 좋아했어.

❹ 그녀는 매일 영어를 공부했어. ❺ 그러나 영어는 정말 어려웠지.

❻ 그녀는 많은 학생들을 가르치기 위해 열심히 연습했어.

❼ 그래서 그녀는 유명한 선생님이 되었어.

❽ 난 그녀의 태도와 인내심이 정말로 맘에 들어!

❾ 그녀는 정말 대단하고 멋져!

Hint

difficult 어려운   **practice** 연습하다   **hard** 열심히   **become** ~가 되다   **famous** 유명한
attitude 태도   **patience** 인내심   **awesome** 대단한   **cool** 멋진

실전 영작 분석 :
실전 영작에서 써 본 문장들을 어순 연습을 통해 다시 한 번 정리해 보세요.

- 문장 + and/but/so + 문장
- 단어 + and/but + 단어

① **이것은 + 이야기이다 + 한 여자에 관한**
This is a story about a woman. → 'be동사 + 명사' 구문입니다.
'~에 관한, 대한'은 전치사 about을 쓰면 돼요.

② **그녀는 + 말하지 않았다 + 영어를 + 잘**
She didn't speak English well, → 과거 일반동사의 부정문이네요.
'영어를 (말)하다'는 speak English로 표현하고, '잘'은 well이란 부사를 씁니다.

③ **그러나 + 그녀는 + 정말로 좋아했다 + 그것을**
but she loved it. → '정말로 좋아하다'는 really like로 표현해도 되고, love라고 한 단어로도 표현할 수 있어요.

④ **그녀는 + 공부했다 + 영어를 + 매일**
She studied English every day, → study(공부하다)를 '과거시제(studied)'로 바꿔 줘야 해요.

⑤ **그러나 + 영어는 + 정말로 + 어려웠다**
but English was really difficult. → 앞 문장과 반대되는 내용은 '그러나'라는 뜻을 지닌 접속사 but을 쓰면 됩니다. 'be동사 + 형용사' 구문을 활용합니다.

⑥ **그녀는 + 연습했다 + 열심히 + 가르치기 위해 + 많은 학생들을**
She practiced hard to teach many students, → 부사인 hard(열심히)는 '연습했다'라는 동사 뒤에 붙여 주면 됩니다. '~하기 위해서'는 to 부정사로 표현하면 돼요.

⑦ **그래서 + 그녀는 + 되었다 + 유명한 선생님이**
so she became a famous teacher. → become(되다)은 생긴 것부터 be동사의 'be'와 비슷하죠? 의미만 다르지 쓰임새도 거의 동일해요. (become은 Unit 15에서 확인하실 수 있습니다.)

⑧ **나는 + 정말로 + 좋다 + 그녀의 태도 + 그리고 + 인내심이**
I really like her attitude and patience! → 등위 접속사 and가 attitude(태도)와 patience(인내심)이란 명사를 연결하고 있어요.

⑨ **그녀는 + 정말로 + 대단하다 + 그리고 + 멋지다**
She is so awesome and cool! → 등위 접속사 and가 awesome(대단한)과 cool(멋진)을 연결하고 있어요. 그리고 이러한 형용사를 so(정말로)가 강조해 주고 있지요.

한 단계 업그레이드! : 문단 속에서 영작을 해 볼 차례입니다. 우리말을 영어로 바꿔 쓰면서 실력을 한 단계 더 업그레이드 해 보세요!

These are for my family members.

❶ _____.
  → 나는 내 여동생을 위해 케이크 하나와 빵을 좀 샀다

❷ _____.
  → 머리띠와 폼폼은 내 조카를 위한 거다

❸ _____.
  → 그것들은 포슬포슬하고 귀엽다

And I prepared a scarf for my older sister.

❹ _____.
  → 그건 예쁘진 않지만 따뜻하다

❺ _____,
  → 나는 부모님을 위해 2장의 영화 티켓도 예약했고

❻ _____.
  → 그래서 그들은 내일 외출을 할 것이다

문장 확인!

이것들은 내 가족을 위한 것이다.
내 여동생을 위해 케이크 하나와 빵을 좀 샀다.
머리띠와 폼폼은 내 조카를 위한 거다. 그것들은 포슬포슬하고 귀엽다.
그리고 언니를 위해 스카프를 준비했다. 그건 예쁘진 않지만 따뜻하다.
나는 부모님을 위해 2장의 영화 티켓도 예약했고, 그래서 그들은 내일 외출하실 것이다.

Hint

buy 사다   headband 머리띠   pompom (장식) 방울   niece 조카   fuzzy 솜털이 보송보송한, 포슬포슬한
warm 따뜻한   reserve 예약하다   go out 외출하다

Unit 09

조동사 will

Emma will be your true teacher.
엠마는 당신의 진정한 선생님이 될 거예요.

영작 시크릿 노트 : 영작비법과 그에 해당하는 예문을 통해 말하기와 영작에 꼭 필요한 핵심 비법을 익혀 보세요.

영작비법 17 조동사 will의 평서문

주어 + will + 동사원형
주어 + will + not + 동사원형

❶ 주어 + will + 동사원형

I **will** go to school. 나는 학교에 갈 것이다.
We **will** meet the professor. 우리는 그 교수님을 만날 것이다.
You **will** have a meeting. 너는 회의가 있을 것이다.
She **will** be a doctor. 그녀는 의사가 될 것이다.

> **Point 1** will은 '~할 것이다'라는 미래를 나타내는 조동사로, 뒤에는 무조건 동사원형이 옵니다.
> **Point 2** 조동사 뒤에 be동사가 올 경우엔 동사원형 'be'를 쓰면 돼요.

❷ 주어 + will + not + 동사원형

I **will not** go to school. 나는 학교에 가지 않을 것이다.
We **will not** meet the professor. 우리는 그 교수님을 만나지 않을 것이다.
You **will not** have a meeting. 너는 회의가 있지 않을 것이다.
She **will not** be a doctor. 그녀는 의사가 되지 않을 것이다.

> **Point 1** 조동사를 부정할 때는 조동사 뒤에 not을 넣어 주세요. 부정 형태로 쓰였어도 will not 뒤에는 동사원형을 써야 합니다.
> **Point 2** will not은 won't로 축약할 수 있습니다.

영작비법 18 — 조동사 will의 의문문

Will + 주어 + 동사원형 + ?

❶ Will + 주어 + 동사원형 + ?

Will you go to school? 너는 학교에 갈 거니?
Will they meet the professor? 그들은 그 교수님을 만날 거니?
Will she have a meeting? 그녀는 회의를 할 거니?
Will Emma be a doctor? 엠마는 의사가 될 거니?
Will you have a date with Eric? 너는 에릭과 데이트를 할 거니?
Will he confess his love to Emma? 그는 엠마에게 그의 사랑을 고백할까?
Will Gaia finish the report on time? 가이아는 제 시간에 그 보고서를 끝낼까?
Will Searee keep her word? 세리는 그녀의 약속을 지킬까?

> **Point 1** 조동사를 의문문으로 바꿀 때, 주어와 조동사 자리만 바꿔 주면 됩니다.
> **Point 2** 조동사와 동사 사이에 주어가 끼어있지만, 동사원형을 사용하세요.

워밍업 순간영작

영작비법에서 배운 어순에 맞춰 빈칸에 알맞은 말을 넣어, 문장을 완성해 보세요.

❶ Everything _____ perfect.
모든 것이 완벽할 거야.

❷ He _____ with me.
그는 나랑 춤추지 않을 거야.

❸ _____ you _____ your boyfriend?
너 남친이랑 데이트 할 거야?

❹ I _____ with Emma.
나는 엠마랑 공부를 할 거야.

❺ I _____ a quitter.
난 포기자가 되지 않을 거야.

❻ _____ you _____ a dancer?
넌 댄서가 될 거니?

❼ She _____ her coffee.
그녀는 그녀의 커피를 리필 할 거야.

❽ I _____ your e-mail tomorrow.
네 이메일 내일 확인할게.

❾ _____ you _____ the report next week?
너 다음 주에 그 보고서 제출할 거야?

❿ Emma _____ your question.
엠마는 네 질문에 대답하지 않을 거야.

Vocabulary
everything 모든 것   perfect 완벽한   dance 춤추다   date ~와 데이트하다   quitter 포기자
dancer 댄서   refill 다시 채우다   check 확인하다   submit 제출하다
answer the question 질문에 대답하다

어순 순간영작 : 같은 문장이라도 쉽다고 생각하지 말고, 어순에 맞게 순간 영작이 되도록 연습해 보세요. 7개 이상 맞혔다면, 영작 왕초보 탈출!

❶ _____ + _____ + _____ + _____
　　모든 것이　　　　　　　　완벽할 거야

❷ _____ + _____ + _____ + _____
　　그는　　　　　춤추지 않을 거야　　　나랑

❸ _____ + _____ + _____ + _____
　　　　　　너는　　데이트 할 거야?　네 남친이랑

❹ _____ + _____ + _____ + _____
　　나는　　　　공부를 할 거야　　　엠마랑

❺ _____ + _____ + _____ + _____
　　난　　　　　되지 않을 거야　　　포기자가

❻ _____ + _____ + _____ + _____
　　　　　　넌　　　될 거니?　　　댄서가

❼ _____ + _____ + _____ + _____
　　그녀는　　　　리필 할 거야　　그녀의 커피를

❽ _____ + _____ + _____ + _____ + _____
　　나는　　　확인할게　　　네 이메일을　　내일

❾ _____ + _____ + _____ + _____ + _____
　　　　너는　　제출할 거야?　그 보고서를　다음 주에

❿ _____ + _____ + _____ + _____
　　엠마는　　　대답하지 않을 거야　　네 질문에

생활 속 실전 영작 :

생활밀착형 문장들을 직접 영작해 보세요.
단어를 모를 때는 아래의 Hint를 참고합니다.

Emma Song
12월 24일 오후 5:30

안녕, 친구들! ❶ 나 내일 파티를 열 거야.
Hey, guys! _____

물론, ❷ 나의 베프, Erin도 올 거야.
Of course, _____

❸ 너희들은 우리랑 멋진 시간을 보내게 될 거야.
_____

❹ 나는 집을 장식할 거고, ❺ 음료를 좀 준비할거야.
_____ and
_____

근데, ❻ 음식은 만들지 않을 거야.
But, _____

❼ 올 거지?
_____

❽ 재미있을 거야!
_____

Hint

throw a party 파티를 열다   come 오다   decorate 장식하다
have a good/great time 좋은 시간을 보내다   prepare 준비하다   drink 음료   fun 재미있는

실전 영작 분석 :
실전 영작에서 써 본 문장들을 어순 연습을 통해 다시 한 번 정리해 보세요.

- 주어 + will + 동사원형
- 주어 + will + not + 동사원형
- Will + 주어 + 동사원형 + ?

❶ 나는 + 파티를 열 것이다 + 내일
I will throw a party tomorrow. → '내일'은 미래를 나타내니까 조동사 will을 씁니다.
'파티를 열다'는 throw/have/hold a party라고 쓰니, 하나의 표현으로 알아두면 좋아요.

❷ 나의 베스트프렌드, 에린은 + 올 것이다
my best friend, Erin, will come. → '베스트 프렌드'와 '에린' 사이에 찍은 comma(,)는 동격을 나타내요. 앞의 명사와 comma(,) 뒤의 명사가 같은 대상이라는 뜻인데, 주로 나이나 직업을 나타낼 때 많이 쓴답니다. 예를 들어 '선생님인, 엠마'라고 할 때 'Emma, a teacher' 이런 식으로요.

❸ 너희들은 + 가질 것이다 + 멋진 시간을 + 우리와
You will have a great time with us. → you는 '너'라는 뜻도 있지만 '너희들'이란 뜻도 있어요. have는 '가지다'라는 뜻도 있지만 '먹다', '(시간을) 보내다'라는 뜻으로도 많이 쓰여요.

❹ 나는 + 장식할 것이다 + 나의 집을
I will decorate my house. → 파티는 내일 있을 예정이니 파티 준비를 위해 앞으로 집을 장식할 것이라는 의미랍니다. 그래서 미래시제로 나타냅니다.

❺ 나는 + 준비할 것이다 + 약간의 음료를
I will prepare some drinks! → drink는 '음료'라는 뜻의 명사 역할도 할 수 있답니다.

❻ 나는 + 만들지 않을 것이다 + 음식을
I won't make food. → will not은 won't로 축약도 가능해요. 그리고 평서문과 마찬가지로 뒤에는 동사원형이 온다는 것을 기억하세요.

❼ 너희는 + 올 거지?
Will you come? → 미래의 일을 질문할 때는 '조동사 + 주어 + 동사원형?'의 어순을 쓰세요!

❽ 그것은 + 재미있을 것이다
It will be fun! → fun(재미있는)은 형용사이기 때문에 조동사 바로 뒤에 붙일 수 없어요. be동사의 원형인 be의 도움을 받으면 됩니다.

한 단계 업그레이드!

문단 속에서 영작을 해 볼 차례입니다. 우리말을 영어로 바꿔 쓰면서 실력을 한 단계 더 업그레이드 해 보세요!

Emma has some plans for the New Year.

❶ _____.
   ↳ 그녀는 5kg 정도 살을 뺄 거야

❷ _____,
   ↳ 그녀는 늦게 일어나지 않을 거야

so ❸ _____.
   ↳ 그녀는 규칙적인 생활을 할 거야

❹ _____.
   ↳ 그녀는 가족 또는 친구들과 해외로 여행을 갈 거야

❺ _____.
   ↳ 그녀는 과하게 군것질을 하지 않을 거야

❻ _____.
   ↳ 그녀는 멋진 한 해를 보낼 거야

문장 확인!

엠마는 새해에 몇 가지 계획이 있어.

그녀는 5kg 정도 살을 뺄 거야.

그녀는 늦게 일어나지 않을 거야. 그래서 규칙적인 생활을 할 거야.

그녀는 가족 또는 친구들과 해외로 여행을 갈 거야.

그녀는 과하게 군것질을 하지 않을 거야.

그녀는 멋진 한 해를 보낼 거야.

Hint

lose weight 살을 빼다   get up 일어나다   keep regular hours 규칙적인 생활을 하다
travel abroad 해외 여행을 하다   excessively 지나치게   wonderful 아주 멋진

Unit 10

조동사 can, may

Anyone can take Emma's class.
누구든지 엠마의 수업을 들을 수 있어요.

> **영작 시크릿 노트 :** 영작비법과 그에 해당하는 예문을 통해 말하기와 영작에 꼭 필요한 핵심 비법을 익혀 보세요.

영작비법 19 조동사 can

```
주어 + can + 동사원형
주어 + cannot + 동사원형
Can + 주어 + 동사원형 + ?
```

❶ 주어 + can (+ not) + 동사원형

I **can** swim in the river. 나는 강에서 수영할 수 있다.
We **can** play tennis. 우리는 테니스를 칠 수 있다.
They **can't** handle the problem. 그들은 그 문제를 처리할 수 없다.
She **can't** be a singer. 그녀는 가수가 될 수 없다.

> **Point 1** can(~할 수 있다)은 능력을 나타내는 조동사입니다.
> **Point 2** 뒤에는 꼭 동사원형을 연결해야 해요. 부정할 땐 바로 뒤에 not만 넣으면 돼요.
> cannot 또는 can't 둘 다 가능합니다. 그리고 cannot은 붙여 써야 한다는 점 기억하세요.

❷ Can + 주어 + 동사원형 + ?

Can you swim in the river? 너는 강에서 수영할 수 있니?
Can they play tennis? 그들은 테니스를 칠 수 있니?
Can he handle the problem? 그는 그 문제를 처리할 수 있니?
Can she be a singer? 그녀는 가수가 될 수 있니?

> **Point 1** 조동사의 의문문 구문은 주어와 조동사의 자리만 바꿔 주면 됩니다.
> **Point 2** 주어가 중간에 끼어 있지만 조동사 뒤에는 동사원형을 씁니다.

영작비법 20 조동사 may

주어 + may + 동사원형
주어 + may + not + 동사원형

❶ 주어 + may + 동사원형

She **may** swim in the river. 그녀는 강에서 수영을 할지도 모른다.
They **may** play tennis. 그들은 테니스를 칠지도 모른다.
I **may** handle the problem. 나는 그 문제를 처리할지도 모른다.
Emma **may** be a singer. 엠마는 가수일지도 모른다.

> **Point 1** may(~일지도 모른다)는 추측을 나타내는 조동사입니다.
> **Point 2** 조동사 뒤에 동사원형을 꼭 써 주세요.

❷ 주어 + may + not + 동사원형

She **may not** swim in the river. 그녀는 강에서 수영을 하지 않을지도 모른다.
They **may not** play tennis. 그들은 테니스를 치지 않을지도 모른다.
I **may not** handle the problem. 나는 그 문제를 처리하지 않을지도 모른다.
Emma **may not** be a singer. 엠마는 가수가 아닐지도 모른다.

> **Point 1** 조동사를 부정할 땐, 바로 뒤에 not을 넣어 주면 돼요.
> **Point 2** may not은 따로 축약해서 쓰지 않아요.

Unit 10 조동사 can, may **87**

워밍업 순간영작 :
영작비법에서 배운 어순에 맞춰 빈칸에 알맞은 말을 넣어, 문장을 완성해 보세요.

❶ My grandma _____.
   나의 할머니는 이메일을 보낼 수 있으셔.

❷ Emma _____.
   엠마는 술을 못 마셔.

❸ _____ you _____ the pain?
   넌 고통을 참을 수 있어?

❹ He _____ a ladies' man.
   그는 바람둥이일지도 몰라.

❺ It _____ on Christmas day.
   크리스마스에 눈이 내리지 않을지도 몰라.

❻ It _____ a lot of time.
   많은 시간이 걸릴지도 몰라.

❼ They _____ friends.
   그들은 친구가 될 수 없어.

❽ It _____ true.
   그것은 사실이 아닐지도 몰라.

❾ _____ Emma _____ the flute?
   엠마는 플루트를 연주할 수 있어?

❿ He _____ you about the story.
   그가 너에게 그 이야기에 대해 말해 줄지도 몰라.

Vocabulary
grandma 할머니   email 이메일을 보내다   drink 술을 마시다   bear the pain 고통을 참다
a ladies' man 바람둥이   snow 눈이 내리다   It 날짜/시간을 표현할 때 사용하는 비인칭 주어
take (시간이) 걸리다   a lot of 많은   become friends 친구가 되다   true 사실인   tell 말하다

어순 순간영작

같은 문장이라도 쉽다고 생각하지 말고, 어순에 맞게 순간 영작이 되도록 연습해 보세요. 7개 이상 맞혔다면, 영작 왕초보 탈출!

❶ _____ + _____ + _____
　　나의 할머니는　　　　　　이메일을 보낼 수 있으셔

❷ _____ + _____ + _____
　　엠마는　　　　　　　　　　술을 못 마셔

❸ _____ + _____ + _____ + _____
　　　　　　넌　　　　참을 수 있어?　　그 고통을

❹ _____ + _____ + _____ + _____
　　그는　　　　일지도 몰라　　　　　　바람둥이

❺ _____ + _____ + _____ + _____
　　　　　　눈이 내리지 않을지도 몰라　　크리스마스 날에

❻ _____ + _____ + _____ + _____
　　　　　　걸릴지도 몰라　　　　　　많은 시간이

❼ _____ + _____ + _____ + _____
　　그들은　　　　될 수 없어　　　　　친구가

❽ _____ + _____ + _____ + _____
　　그것은　　　　아닐지도 몰라　　　　사실이

❾ _____ + _____ + _____ + _____
　　　　　엠마는　　연주할 수 있어?　　플루트를

❿ _____ + _____ + _____ + _____ + _____
　　그가　　　말해 줄지도 몰라　　너에게　　그 이야기에 대해

Unit 10 조동사 can, may

생활 속 실전 영작 :
생활밀착형 문장들을 직접 영작해 보세요.
단어를 모를 때는 아래의 Hint를 참고합니다.

MP3_10

❶ 너 한국 음식 좀 만들 수 있어?
_____

물론, ❷ 만들 수 있지!
Of course, _____
❸ 나 김밥이랑 김치 만들 수 있어~
_____

그럼, ❹ 이번 주 일요일에 나 도와줄 수 있어?
Then, _____
사실, ❺ 집들이가 있어.
Actually, _____

정말? 좋아! ❻ 도와줄 수 있어.
Really? OK! _____

진짜 고마워! ❼ 네 아들도 올 수 있으려나?
Thank you so much! _____

❽ 걘 거기에 못 갈지도 몰라.
_____

Hint

Korean food 한국 음식   **help** 도와주다   **housewarming party** 집들이   **son** 아들

90

실전 영작 분석 : 실전 영작에서 써 본 문장들을 어순 연습을 통해 다시 한 번 정리해 보세요.

- 주어 + can/may + 동사원형
- 주어 + can/may + not + 동사원형
- Can + 주어 + 동사원형 + ?

❶ **너는 + 만들 수 있니? + 약간의 한국 음식을**
Can you make some Korean food? → '~할 수 있다'라는 능력의 조동사 can을 사용하면 됩니다. 의문문이니 can으로 문장을 시작합니다.

❷ **나는 + 할 수 있다**
I can! → 조동사 can 뒤에 의미상 make(만들다)가 생략된 거랍니다.
make는 앞서 나온 동사이기에 생략이 가능합니다.

❸ **나는 + 만들 수 있다 + 김밥과 김치를**
I can make gimbap and kimchi~ → 앞서 배운 and가 명사와 명사를 연결하고 있어요.

❹ **너는 + 도와줄 수 있니? + 나를 + 이번 주 일요일에**
can you help me this Sunday? → '나를'은 인칭대명사인 me를 쓰면 돼요. '이번' 일요일은 this라는 표현을 씁니다. 요일 앞에 어떤 단어가 붙는지에 따라 시간적인 의미가 달라져요. '지난 주 일요일'은 last Sunday, '다음 주 일요일'은 next Sunday처럼요. ('인칭대명사'는 Unit 23에서 확인하실 수 있습니다.)

❺ **나는 + 집들이가 있다**
I have a housewarming party. → '파티를 하다'는 have a party죠?
'집들이를 하다'라고 할 때에도 동사 have를 쓰면 돼요.

❻ **나는 + 도와줄 수 있다 + 너를**
I can help you. → 역시나 능력의 조동사 can을 쓰면 됩니다.

❼ **네 아들은 + 올 수 있니?**
Can your son come? → 조동사는 주어의 인칭에 따라 달리 쓸 필요가 없으니 정말 편하죠?
능력/가능을 나타내는 조동사 can을 사용한 의문문입니다.

❽ **그는 + 못 갈지도 모른다 + 거기에**
He may not come there. → 추측을 나타내는 문장이니 may를 쓰면 됩니다. 우리말로는 '못 가다'라고 해석이 되어 있지만 영어에서는 질문을 come(오다)으로 했으면, 대답할 때도 맞춰서 come을 써야 해요.

한 단계 업그레이드!

문단 속에서 영작을 해 볼 차례입니다. 우리말을 영어로 바꿔 쓰면서 실력을 한 단계 더 업그레이드 해 보세요!

Hi, there! How are you doing?

I got back home from a famous artist's exhibition a few hours ago. It was fantastic! I really recommend it to you.

❶ _____.
  → 넌 거기에서 많은 그림과 스케치를 즐길 수 있어

And ❷ _____.
  → 넌 도슨트 투어도 받을 수 있어

I think ❸ _____.
  → 넌 엽서랑 장식을 살 수도 있을 거야

And ❹ _____.
  → 아침에는 아마 여유롭게 구경을 할 수 있을 거야

❺ _____.
  → 넌 그 갤러리에서 멋진 시간을 보낼 수 있어

문장 확인!

안녕! 잘 지내니?
나 몇 시간 전에 유명한 아티스트의 전시회에 갔다가 집에 왔어. 굉장했어! 진짜 그거 너한테 추천해.
넌 거기에서 많은 그림과 스케치를 즐길 수 있어. 그리고 넌 도슨트 투어도 받을 수 있어. 내 생각엔 넌 엽서랑 장식을 살 수도 있을 거야. 그리고 아침에는 아마 여유롭게 구경을 할 수 있을 거야. 넌 그 갤러리에서 멋진 시간을 보낼 수 있어.

Hint

enjoy 즐기다   take a docent-led tour 도슨트 투어(작품 설명 투어)를 받다   postcard 엽서
ornament 장식품   look around 둘러보다   leisurely 여유로운   lovely 멋진

Unit 11

조동사 should, must

You should take Emma's class.
너는 엠마의 수업을 들어야 한다.

> **영작 시크릿 노트 :** 영작비법과 그에 해당하는 예문을 통해 말하기와 영작에 꼭 필요한 핵심 비법을 익혀 보세요.

영작비법 21   조동사 should

주어 + should + 동사원형
주어 + should + not + 동사원형
Should + 주어 + 동사원형 + ?

❶ **주어 + should (+ not) + 동사원형**

I **should** take this pill. 나는 이 약을 복용해야 한다.
We **should** watch the program. 우리는 그 프로그램을 봐야 한다.
You **shouldn't** be a workaholic. 너는 일 중독자가 되면 안 된다.
They **shouldn't** be kind. 그들은 친절하면 안 된다.

> **Point 1** should(~해야 한다)는 조언을 나타내는 조동사입니다.
> **Point 2** 다른 조동사들과 마찬가지로 뒤에는 꼭 동사원형을 연결해야 해요. '~하면 안 된다'라고 부정하고 싶을 땐, should not(shouldn't)으로 표현하면 됩니다.

❷ **Should + 주어 + 동사원형 + ?**

Should I take this pill? 나는 이 약을 복용해야 하나요?
Should we watch the program? 우리는 그 프로그램을 봐야 하나요?
Should she be a workaholic? 그녀는 일 중독자가 되어야 하나요?
Should they be kind? 그들은 친절해야 하나요?

> **Point 1** 조동사의 의문문 구문은 주어와 조동사의 자리만 바꿔 주면 됩니다.
> **Point 2** 주어가 중간에 끼어 있지만 조동사 뒤에는 동사원형을 써야 해요.

영작비법 22   조동사 must

주어 + must + 동사원형
주어 + must + not + 동사원형
Must + 주어 + 동사원형 + ?

❶ 주어 + must (+ not) + 동사원형

I **must** take this pill. 나는 이 약을 복용해야만 한다.
We **must** watch the program. 우리는 그 프로그램을 봐야만 한다.
She **must** not drink water. 그녀는 물을 마셔서는 안 된다.
Emma **must** not study hard. 엠마는 열심히 공부해서는 안 된다.

> **Point 1**   must(~해야만 한다)는 강한 의무를 나타내는 조동사입니다. 우리말 해석은 should와 비슷하지만 must가 훨씬 더 강력한 느낌이에요.
>
> **Point 2**   must not(mustn't)은 '~해서는 안 된다'라는 '금지'의 뜻으로 해석하면 됩니다.

❷ Must + 주어 + 동사원형 + ?

Must I take this pill? 나는 이 약을 복용해야만 하나요?
Must we watch the program? 우린 그 프로그램을 봐야만 하나요?
Must she drink water? 그녀는 물을 마셔야만 하나요?
Must Emma study hard? 엠마는 열심히 공부해야만 하나요?

> **Point 1**   역시나 조동사의 의문문이기 때문에, 주어와 조동사 어순만 바꿔 주면 돼요. 하지만 must는 의문문으로 많이 사용되진 않아요.
>
> **Point 2**   '~해야만 하나요?'라고 해석하면 됩니다.

워밍업 순간영작: 영작비법에서 배운 어순에 맞춰 빈칸에 알맞은 말을 넣어, 문장을 완성해 보세요.

❶ You _____ true friends.
  너는 진정한 친구들을 만들어야 해.

❷ Emma _____ a boyfriend.
  엠마는 지금 남친을 만들면 안 돼.

❸ _____ I _____ him tonight?
  오늘 밤 그에게 전화해야 할까?

❹ Emma _____ to the library!
  엠마는 도서관에 가야만 해!

❺ Emma _____!
  엠마는 술을 마셔서는 안 돼!

❻ _____ I _____ there?
  내가 거기에 가야만 하나요?

❼ We _____ before 2 pm.
  우리는 2시 전에 체크아웃 해야만 해.

❽ You _____ here.
  너는 여기서 다이빙을 해서는 안 된다.

❾ _____ I _____ an order here?
  여기서 주문해야 하나요?

❿ Emma _____ the bouquet at your wedding.
  엠마는 네 결혼식에서 부케를 받으면 안 돼.

Vocabulary
make 만들다 true 진정한 call ~에게 전화하다 tonight 오늘 밤 library 도서관
drink 술을 마시다 there 거기에 check out 체크아웃을 하다 before 전에
dive 다이빙을 하다 make an order 주문을 하다 catch 받다 at the wedding 결혼식에서

어순 순간영작 :
같은 문장이라도 쉽다고 생각하지 말고, 어순에 맞게 순간 영작이 되도록 연습해 보세요. 7개 이상 맞혔다면, 영작 왕초보 탈출!

❶ _____ + _____ + _____ + _____
　　너는　　　　　　　만들어야 해　　　　　　　진정한 친구들을

❷ _____ + _____ + _____ + _____
　　엠마는　　　　　　만들면 안 돼　　　　　　　남친을

❸ _____ + _____ + _____ + _____ + _____
　　　　　나는　　전화해야 할까?　　그에게　　오늘 밤

❹ _____ + _____ + _____ + _____
　　엠마는　　　　　　가야만 해　　　　　　　　도서관에

❺ _____ + _____ + _____
　　엠마는　　　　　　술을 마셔서는 안 돼

❻ _____ + _____ + _____ + _____
　　　　내가　　　　가야만 하나요?　　　　　거기에

❼ _____ + _____ + _____ + _____
　　우리는　　　　　체크아웃 해야만 해　　　　　2시 전에

❽ _____ + _____ + _____ + _____
　　너는　　　　　다이빙을 해서는 안 된다　　　여기서

❾ _____ + _____ + _____ + _____ + _____
　　　　　나는　　　　주문해야 하나요?　　　　여기서

❿ _____ + _____ + _____ + _____ + _____
　　엠마는　　받으면 안 돼　　　그 부케를　　네 결혼식에서

Unit 11 조동사 should, must

생활 속 실전 영작 :

생활밀착형 문장들을 직접 영작해 보세요.
단어를 모를 때는 아래의 Hint를 참고합니다.

MP3_11

Emma Song
2월 10일 오후 10:30

❶ 내 베프는 항상 나에게 잔소리를 해!
_____

❷ "네 부모님 말을 들어야 해."
_____

❸ "네 남친 말을 들으면 안 돼."
_____

❹ "신중해야 해."
_____

❺ "부주의하면 안 돼."
_____

Vocabulary

always 항상   **give me a lecture** 나에게 잔소리를 하다   **listen to** 경청하다   **careful** 신중한
careless 부주의한

98

실전 영작 분석 : 실전 영작에서 써 본 문장들을 어순 연습을 통해 다시 한 번 정리해 보세요.

- 주어 + should/must + 동사원형
- 주어 + should/must + not + 동사원형
- Should/Must + 주어 + 동사원형 + ?

❶ 나의 베스트 프렌드는 + 항상 + 나에게 잔소리를 한다
My best friend always gives me a lecture! → always(항상)뿐 아니라 usually(주로), sometimes(때때로), often(종종), never(전혀 ~하지 않는) 등은 모두 빈도를 나타내는 부사들입니다. 빈도부사는 일반동사와 함께 등장할 때 동사 앞에 넣어 주면 돼요. 여기에서는 give me a lecture(내게 잔소리를 하다)라는 표현도 알아 두면 좋습니다.

❷ 너는 + 경청해야 한다 + 네 부모님 말씀을
You should listen to your parents. → listen to는 '듣다'라는 뜻 말고도 '신경 써서 듣다, 경청하다'라는 뜻도 있어요.

❸ 너는 + 들으면 안 된다 + 네 남자친구의 말을
You shouldn't listen to your boyfriend. → '~하면 안 된다'의 의미이니 조동사 should의 부정 형태를 써야 합니다.

❹ 너는 + 신중해야 한다
You should be careful. → careful(신중한)은 형용사니까 조동사 바로 뒤에 붙을 수 없어요. 형용사와 함께 쓰는 be동사의 동사원형 be를 함께 쓰세요.

❺ 너는 + 부주의하면 안 된다
You shouldn't be careless. → 마찬가지로 careless(부주의한)도 형용사니까 조동사 뒤에 동사원형 be를 꼭 넣어 주세요.

한 단계 업그레이드!

문단 속에서 영작을 해 볼 차례입니다. 우리말을 영어로 바꿔 쓰면서 실력을 한 단계 더 업그레이드 해 보세요!

When you do some marine sports, the guards there may say this. At first, ❶ _____
   └→ 당신은 자외선 차단제를 발라야 한다

and ❷ _____.
   └→ 당신은 준비 운동을 해야 한다

❸ _____ and
   └→ 당신은 이 양식을 작성해야만 한다

❹ _____ at the bottom of the page.
   └→ 당신은 서명을 해야만 한다

❺ _____ and
   └→ 당신은 구명 조끼를 착용해야만 한다

❻ _____.
   └→ 당신은 여기에서 우리의 지시를 따라야만 한다

문장 확인!

당신이 해양 스포츠를 할 때, 거기에서 안전요원들은 이렇게 말할지도 모른다.
먼저, 당신은 자외선 차단제를 발라야 하고, 준비 운동을 해야 한다.
당신은 이 양식을 작성해야만 하고, 그 페이지의 맨 아래에 서명을 해야만 한다.
당신은 구명 조끼를 착용해야만 하고, 여기에서 우리의 지시를 따라야만 한다.

Hint

wear sunblock 자외선 차단제를 바르다   **warm up** 준비 운동을 하다   **life vest** 구명 조끼
follow 따르다   **directions** 지시

Unit 12

현재진행형과 과거진행형

Emma is teaching English now.
엠마는 지금 영어를 가르치고 있어요.

> 영작 시크릿 노트 : 영작비법과 그에 해당하는 예문을 통해 말하기와 영작에
> 꼭 필요한 핵심 비법을 익혀 보세요.

영작비법 23 ▸ 현재진행형

주어 + am/are/is + 동사ing
주어 + am/are/is + not + 동사ing
Am/Are/Is + 주어 + 동사ing + ?

---

❶ **주어 + am/are/is (+ not) + 동사ing**

I **am going** to church. 나는 교회에 가고 있다.
We **are wearing** a dress. 우리는 드레스를 입고 있다.
They **are not complaining**. 그들은 투덜거리고 있지 않다.
He **is not hitting** on her. 그는 그녀에게 수작을 걸고 있지 않다.

> **Point 1** '~하고 있는 중이다'라는 현재진행 시제는 'be동사 + 동사ing'로 표현해요. 부정할 때는 be동사 뒤에 not만 넣으면 됩니다.
>
> **Point 2** ing 형태는 동사에만 붙일 수 있어요. 철자가 더 붙거나 빠지는 경우가 있으니 항상 확인해 주세요.
> 예) hit – hitting, plan - planning, run - running, use - using 등

❷ **Am/Are/Is + 주어 + 동사ing + ?**

Are you **going** to church? 너는 교회에 가고 있니?
Is Emma **wearing** a dress? 엠마는 드레스를 입고 있니?
Are they **complaining**? 그들은 투덜거리고 있니?
Is he **hitting** on her? 그는 그녀에게 수작을 걸고 있니?

> **Point 1** Unit 2에서 배웠던 be동사의 의문문 기억나시죠? 똑같이 적용하면 돼요. 주어와 be동사 자리만 바꿔 줍니다.

영작비법 24 과거진행형

주어 + was/were + 동사ing
주어 + was/were + not + 동사ing
Was/Were + 주어 + 동사ing + ?

❶ 주어 + was/were (+ not) + 동사ing

I **was going** to church. 나는 교회에 가고 있었다.
Emma **was wearing** a dress. 엠마는 드레스를 입고 있었다.
We **were not complaining**. 우리는 투덜거리고 있지 않았다.
They **were not hitting** on her. 그들은 그녀에게 수작을 걸고 있지 않았다.

> **Point 1** 시제를 바꿔 볼까요? 시제를 결정하는 건 동사의 역할이니 be동사를 과거시제로 바꿔 주세요. 부정할 때는 be동사 뒤에 not만 연결하면 됩니다.
>
> **Point 2** 과거진행형은 '~하고 있었다'라고 해석하면 돼요.

❷ Was/Were + 주어 + 동사ing + ?

Was he **going** to church? 그는 교회에 가고 있었니?
Was Emma **wearing** a dress? 엠마는 드레스를 입고 있었니?
Were you **complaining**? 너는 투덜거리고 있었니?
Were they **hitting** on her? 그들은 그녀에게 수작을 걸고 있었니?

> **Point 1** 마찬가지로 be동사의 의문문이니까 주어와 be동사 자리만 바꿔 주세요.
>
> **Point 2** ing 형태에 주의하세요.

워밍업 순간영작

영작비법에서 배운 어순에 맞춰 빈칸에 알맞은 말을 넣어, 문장을 완성해 보세요.

❶ Emma _____ her smartphone.
엠마는 그녀의 스마트폰을 사용하고 있어.

❷ It _____ now.
지금 비 안 와.

❸ _____ he _____ the application?
그는 그 앱을 깔고 있어?

❹ Emma _____ her coffee.
엠마는 커피를 홀짝홀짝 마시고 있었어.

❺ I _____ to the manager.
난 그 매니저와 이야기하던 중이 아니었어.

❻ _____ he _____ his boss?
그는 그의 상사를 씹고 있었어?

❼ We _____ to see a doctor.
우리는 병원에 가는 중이야.

❽ It _____ quite hard.
눈이 꽤 많이 내리고 있었어.

❾ Emma _____ an unusual hat.
엠마는 평범하지 않은 모자를 쓰고 있었어.

❿ _____ you _____ for a taxi?
너희들은 택시를 찾고 있었니?

Vocabulary
use 사용하다　rain 비가 내리다　download 다운로드하다　application 애플리케이션
sip 홀짝 홀짝 마시다　talk to ~에게 이야기를 하다　badmouth 험담을 하다　boss 사장, 상사
go to see a doctor 병원에 가다　quite hard 꽤 많이　wear 입고 있다　look for 찾다

어순 순간영작 :
같은 문장이라도 쉽다고 생각하지 말고, 어순에 맞게 순간 영작이 되도록 연습해 보세요. 7개 이상 맞혔다면, 영작 왕초보 탈출!

❶ _____ + _____ + _____
　　엠마는　　　　사용하고 있어　　　그녀의 스마트폰을

❷ _____ + _____ + _____
　　　　　　　　비가 오고 있지 않다　　　지금

❸ _____ + _____ + _____ + _____
　　　　　　　그는　　　깔고 있어?　　　그 앱을

❹ _____ + _____ + _____
　　엠마는　　　홀짝홀짝 마시고 있었어　　그녀의 커피를

❺ _____ + _____ + _____
　　난　　　이야기하던 중이 아니었어　　그 매니저와

❻ _____ + _____ + _____ + _____
　　　　　　그는　　　씹고 있었어?　　그의 상사를

❼ _____ + _____ + _____
　　우리는　　　가는 중이야　　　병원에(의사를 만나러)

❽ _____ + _____ + _____
　　　　　　눈이 내리고 있었어　　　꽤 많이

❾ _____ + _____ + _____
　　엠마는　　　쓰고 있었어　　　평범하지 않은 모자를

❿ _____ + _____ + _____ + _____
　　　　　너희들은　　　찾고 있었니?　　택시를

Unit 12 현재진행형과 과거진행형

생활 속 실전 영작 :

생활밀착형 문장들을 직접 영작해 보세요.
단어를 모를 때는 아래의 Hint를 참고합니다.

MP3_12

여보, ❶ 뭐 해요?
Honey, _____

❷ 나 지금 TV 보면서 팝콘 먹고 있어요~
_____

그럼, ❸ 우리 아이는 지금 공부하고 있어요?
Then, _____

아뇨, ❹ 우리 아들은 찰흙 가지고 놀고 있어요~
No, _____

❺ 지난 밤에도 놀았어요~
_____

❻ 오늘 밤은 공부해야 해요!
_____

그리고 ❼ 당신은 집을 청소해야 해요!
And _____

❽ 나 지금 잔소리하는 거 아니에요~
_____

Hint

watch TV TV를 보다   kid 아이   study 공부하다   son 아들   play 놀다   clay 찰흙
last night 지난 밤   tonight 오늘 밤   clean 청소하다   give you a lecture 당신에게 잔소리를 하다

실전 영작 분석 :
실전 영작에서 써 본 문장들을 어순 연습을 통해 다시 한 번 정리해 보세요.

- 주어 + be동사 + 동사ing
- 주어 + be동사 + not + 동사ing
- Be동사 + 주어 + 동사ing + ?

① 너는 + 뭐 하고 있니?
what are you doing? → 현재진행형으로 '너는 하고 있니?'는 Are you doing?이라고 표현하면 됩니다. 여기에 '무엇'이라는 뜻을 가진 의문사 what만 문장의 맨 앞에 넣어 주면 돼요.

② 나는 + 보고 있다 + TV를 + 그리고 + 먹고 있다 + 팝콘을 + 지금
I am watching TV and eating popcorn now~ → 현재의 상황을 표현하고 있으니 현재진행형을 써 주세요. 그리고 이 문장은 Unit 08에서 배운 등위 접속사 and가 등장하고 있어요. watching과 eating이라는 'ing'를 연결하고 있다는 점에 주의하세요. I am watching TV and (I am) eating popcorn now. 이처럼 등위 접속사 and는 중복되는 부분을 생략할 수 있답니다.

③ 우리 아이는 + 공부하니? + 지금
is our kid studying now? → 아이가 현재 뭘 하는지 묻고 있으니 역시나 현재진행형입니다.

④ 우리 아들은 + 놀고 있다 + 찰흙을 가지고
our son is playing with clay~ → 대답도 동일하게 진행시제로 맞춰 줍니다.
'~을 가지고'는 with를 쓰면 돼요.

⑤ 그는 + 놀고 있었다 + 지난 밤에도
He was playing last night, too. → '지난 밤' 일을 이야기하고 있으니 과거진행형 시제로 맞춰 주세요.

⑥ 그는 + 공부해야만 한다 + 오늘 밤
He must study tonight! → '~해야 한다'를 강한 어조로 말하고 싶다면 must를 쓰면 됩니다.

⑦ 당신은 + 청소해야만 한다 + 집을
you must clean the house! → '당신'은 '너'의 공손한 말일 뿐이므로 똑같이 you로 나타냅니다. 그리고 강하게 말할 때는 must를 잊지 마세요.

⑧ 나는 + 너에게 잔소리를 하는 것이 아니다 + 지금
I am not giving you a lecture now~ → '잔소리를 하다'는 'give 대상 a lecture'로 표현해요. 그래서 '너'에게 잔소리를 할 때는 give you a lecture라고 쓰면 됩니다.

한 단계 업그레이드!

문단 속에서 영작을 해 볼 차례입니다. 우리말을 영어로 바꿔 쓰면서 실력을 한 단계 더 업그레이드 해 보세요!

Last night, I was at home. When I saw a man, it was around 10 p.m. ❶ _____.
↳ 그는 골목에서 서성이면서 통화를 하고 있었다

❷ _____,
↳ 그는 모자와 마스크를 쓰고 있었다
so he looked so suspicious.

Suddenly, ❸ _____,
↳ 그가 나의 아파트로 오고 있었다
and ❹ _____.
↳ 그가 계단을 올라오고 있었다
I was really scared. But it turned out that he was my brother's tutor.

❺ _____.
↳ 지금 그는 내 남동생 방에서 남동생을 가르치고 있다

문장 확인!

지난 밤, 나는 집에 있었다. 내가 한 남자를 봤을 때는, 밤 10시 즈음이었다.
그는 골목에서 서성이면서 통화를 하고 있었다.
그는 모자와 마스크를 쓰고 있어서 아주 의심스러워 보였다.
갑자기, 그가 나의 아파트로 오고 있었고 그가 계단을 올라오고 있었다.
나는 정말로 무서웠다. 그러나 그는 남동생의 과외 선생님으로 밝혀졌다.
지금 그는 내 남동생 방에서 남동생을 가르치고 있다.

Hint

stroll 어슬렁 거리다   **alley** 골목   **talk on the phone** 통화를 하다   **apartment** 아파트
walk up the stairs 계단을 오르다

Unit 13

진행형이 불가능한 동사들

:

Emma is having a great time with you.
엠마는 당신과 즐거운 시간을 보내고 있어요.

영작 시크릿 노트 : 영작비법과 그에 해당하는 예문을 통해 말하기와 영작에 꼭 필요한 핵심 비법을 익혀 보세요.

영작비법 25 · 진행형이 불가능한 동사들

주어 + 감정/소유동사

❶ 주어 + 감정동사

I **like** musicals. 나는 뮤지컬을 좋아한다. I am liking musicals. (×)
He **loves** his family. 그는 그의 가족을 사랑한다. He is loving his family. (×)
Emma **hates** egoist. 엠마는 이기주의자를 싫어한다. Emma is hating egoist. (×)
We **hated** the behavior. 우리는 그 행동을 싫어했다. We are hating the behavior. (×)

> **Point 1** like(좋아하다), love(사랑하다), hate(싫어하다)처럼 감정을 나타내는 동사들은 진행 시제로는 표현할 수 없습니다. 그렇기 때문에 현재진행형 대신 현재 시제로, 과거진행형 대신 과거 시제로 표현합니다.
>
> **Point 2** 그러나 말하고 있는 순간의 감정을 표현할 때는 예외적으로 진행형이 가능합니다.
> 예) I'm loving you. 난 (지금 이 순간) 널 사랑하고 있어.

❷ 주어 + 소유동사

I **have** a car. 나에겐 차가 있다. I am having a car. (×)
He **is having** lunch. 그는 점심을 먹고 있다. (O)
They **were having** a good time. 그들은 좋은 시간을 보내고 있었다. (O)
Emma **was having** tea. 엠마는 차를 마시고 있었다. (O)

> **Point 1** have가 '가지다'란 소유의 의미로 쓰일 때는 진행으로 나타낼 수 없어요.
>
> **Point 2** 그러나 '먹다', '마시다', '시간을 보내다'의 의미로 쓰일 때는 가능해요.

영작비법 26   진행형이 불가능한 동사들

주어 + 필요/사고동사

❶ 주어 + 필요동사

She wants some cookies. 그녀는 약간의 쿠키를 원한다. She is wanting some cookies. (×)
I want a blanket. 나는 담요를 원한다. I am wanting a blanket. (×)
We needed some rest. 우리는 약간의 휴식이 필요했다. We were needing some rest. (×)
Emma needed an umbrella. 엠마는 우산 하나가 필요했다. Emma was needing an umbrella. (×)

> **Point 1**   want(원하다), need(필요하다)와 같이 '필요'의 의미를 가진 동사는 진행형으로 만들 수 없어요. 그러므로 현재진행형 대신 현재 시제로, 과거진행형 대신에 과거 시제로 표현합니다.

❷ 주어 + 사고동사

You know the truth. 너는 그 사실을 안다. You are knowing the truth. (X)
They understand the theory. 그들은 그 이론을 이해한다. They are understanding the theory. (X)
She believed the superstition. 그녀는 그 미신을 믿었다. She was believing the superstition. (X)
He thought about the upcoming trip. 그는 다가올 여행에 대해 생각했다.
He was thinking about the upcoming trip. (△)

> **Point 1**   know(알다), understand(이해하다), believe(믿다), think(생각하다)와 같은 '사고'와 관련된 동사도 진행형으로 표현할 수 없어요.
> **Point 2**   그러나 think(생각하다)가 '고민하다, 생각 중이다'의 뜻으로 쓰였을 때는 진행형이 가능해요. 위 마지막 문장의 경우에도 생각하고 있는 중이라면 진행형을 써도 됩니다.
>   예 I'm thinking of my ex-girlfriend. 나는 내 전 여친을 생각하고 있어.

워밍업 순간영작 : 영작비법에서 배운 어순에 맞춰 빈칸에 알맞은 말을 넣어, 문장을 완성해 보세요.

❶ Emma _____ a skirt and a dress.

엠마는 치마와 드레스를 한 벌씩 <u>사고 있어</u>.

❷ I _____ a house.

나는 집이 <u>필요해</u>.

❸ _____ you _____ the teacher?

너 그 선생님 <u>알아</u>?

❹ I _____ dinner with my friend.

나는 친구랑 저녁 <u>먹고 있어</u>.

❺ He _____ a plan.

그에겐 계획이 <u>있지</u>.

❻ _____ you _____ a good time?

좋은 시간 <u>보내고 있니</u>?

❼ Emma _____ of him.

엠마는 그를 <u>생각하고 있어</u>.

❽ _____ you _____ her behavior?

너는 그녀의 행동을 <u>이해하니</u>?

❾ We _____ a vacation.

우리는 휴가를 <u>원해</u>.

❿ I _____ two sisters.

나에겐 두 명의 자매가 <u>있어</u>.

Vocabulary

have 가지다, 먹다, (시간을) 보내다   **think of** ~에 대해 생각하다   **understand** 이해하다
behavior 행동   **vacation** 휴가   **sister** 자매

어순 순간영작 :
같은 문장이라도 쉽다고 생각하지 말고, 어순에 맞게 순간 영작이 되도록 연습해 보세요. 7개 이상 맞혔다면, 영작 왕초보 탈출!

① _____ + _____ + _____
　　엠마는　　　　　　사고 있어　　　　　치마 하나와 드레스 하나를

② _____ + _____ + _____
　　나는　　　　　　　필요해　　　　　　　집이

③ _____ + _____ + _____ + _____
　　　　　　　　　너　　　　　　알아?　　　　　　그 선생님을

④ _____ + _____ + _____ + _____
　　나는　　　　먹고 있어　　　　저녁을　　　　내 친구랑

⑤ _____ + _____ + _____
　　그에겐　　　　　　있지　　　　　　　　　계획 하나가

⑥ _____ + _____ + _____ + _____
　　　　　　　너는　　　　　보내고 있니?　　　　좋은 시간을

⑦ _____ + _____ + _____
　　엠마는　　　　　　생각하고 있어　　　　　그에 대해

⑧ _____ + _____ + _____ + _____
　　　　　　　너는　　　　　이해하니?　　　　　그녀의 행동을

⑨ _____ + _____ + _____
　　우리는　　　　　　원해　　　　　　　　　휴가를

⑩ _____ + _____ + _____
　　나는　　　　　　　있어　　　　　　　　　두 명의 자매가

Unit 13 진행형이 불가능한 동사들　113

생활 속 실전 영작 :
생활밀착형 문장들을 직접 영작해 보세요.
단어를 모를 때는 아래의 Hint를 참고합니다.

MP3_13

Emma Song
2월 13일 오후 2:10

❶ 나 백화점에 있어.
_____

❷ 돌아다니면서 커피를 마시고 있지.
_____

❸ 드레스 하나를 원해, 그리고 ❹ 나는 노란 드레스를 좋아해.
_____
and _____

❺ 겨우 만 원 가지고 있어, 그래서 ❻ 나는 돈이 더 필요해.
_____
so _____

❼ 내 은행 계좌 알고 있어?
_____

❽ 나한테 돈 좀 보내 줘.
_____

Hint
department store 백화점   look around 구경하다   only 겨우   more 더 많은
bank account 은행 계좌   send+사람+사물 사람에게 사물을 보내다

실전 영작 분석 :
실전 영작에서 써 본 문장들을 어순 연습을 통해 다시 한 번 정리해 보세요.

- 주어 + 감정/소유동사
- 주어 + 필요/사고동사

❶ 나는 + 있다 + 백화점에
I am at the department store. → 오랜만에 등장한 'be동사 + 전치사구' 구문이에요.

❷ 나는 + 돌아다니고 있다 + 그리고 + 마시고 있다 + 커피를
I am looking around and having coffee. → and(그리고)가 'ing'를 연결하고 있어요. 여기선 have가 '마시다'의 의미이기 때문에 진행이 가능합니다.

❸ 나는 + 원한다 + 드레스 한 벌을
I want a dress, → want(원하다)는 진행형 불가 동사입니다. 그러니 현재시제로 써야겠죠?

❹ 나는 + 좋아한다 + 노란 드레스를
I like a yellow dress. → like(좋아하다)도 진행형 불가 동사죠.

❺ 나는 + 가지고 있다 + 겨우 만 원을
I have only 10,000 won,
→ have(가지다)도 여기에서는 소유의 의미이기 때문에 진행으로 만들 수 없어요.

❻ 나는 + 필요하다 + 더 많은 돈이
I need more money. → need(필요하다)도 역시 진행으로 표현할 수 없죠?

❼ 너는 + 알고 있니? + 내 은행 계좌를
Do you know my bank account? → 사고동사인 know(알다)도 마찬가지입니다.

❽ 보내 줘 + 나에게 + 약간의 돈을
Send me some money. → 'send + 사람 + 사물' 구문을 알아 두세요. 또 등장할 거예요. '사람에게 사물을 보내 주다'라는 패턴으로 해석하면 돼요.

한 단계 업그레이드!

문단 속에서 영작을 해 볼 차례입니다. 우리말을 영어로 바꿔 쓰면서 실력을 한 단계 더 업그레이드 해 보세요!

We are flying to Guam.

❶ _____
    ↳ 우리는 많은 계획들이 있어

like a scuba diving, and jungle exploration.

❷ _____.
    ↳ 우리 거기에서 해산물을 많이 먹을 거야

❸ _____.
    ↳ 우린 해산물을 정말 좋아해

Actually ❹ _____,
            ↳ 우리는 더 좋은 호텔에 머물고 싶어

so ❺ _____.
    ↳ 우리는 그 점에 대해 고민 중이야

❻ _____.
    ↳ 우리는 나중에 그 호텔을 변경하고 싶을지도 몰라

문장 확인!

우리 괌에 갈 거야.
우리는 스쿠버 다이빙, 정글 탐험과 같은 많은 계획들이 있어.
우리는 거기에서 해산물을 많이 먹을 거야. 우린 해산물을 정말 좋아해.
사실 우리는 더 좋은 호텔에 머물고 싶어서 그 점에 대해 고민 중이야.
우리는 나중에 그 호텔을 변경하고 싶을지도 몰라.

Hint

seafood 해산물   stay 머무르다   higher ranked 더 높은 등급에 있는   change 바꾸다
later 나중에

Unit 14

시간과 이유의 접속사

Emma is happy when she teaches.

엄마는 가르칠 때 행복해요.

> **영작 시크릿 노트 :** 영작비법과 그에 해당하는 예문을 통해 말하기와 영작에
> 꼭 필요한 핵심 비법을 익혀 보세요.

영작비법 27) 시간의 접속사

문장 + 시간의 접속사 + 문장

❶ S + V + 접속사 + S + V

You must knock **before** you enter. 당신은 들어오기 전에 노크해야만 합니다.
I brush my teeth **after** I have dinner. 나는 저녁을 먹은 후 이를 닦는다.
I am nervous **when** I have a test. 나는 시험을 볼 때 긴장을 해.
I met many people **while** I was there. 난 거기에 있는 동안 많은 사람들을 만났어.
I will call you **as soon as** I hear the news. 난 그 소식을 듣자마자 너에게 전화할 거야.

> **Point 1** 접속사의 기본 역할은 '문장'과 '문장'을 연결하는 거예요.
> **Point 2** 주어와 동사가 단독으로 등장하는 절을 '주절', 접속사가 이끄는 절(주어와 동사)을 '종속절'
> 이라고 불러요.
> **Point 3** before은 '~전에', after은 '~후에', when은 '~할 때', while은 '~하는 동안에', as soon as
> 는 '~하자마자'란 뜻으로, 시간을 나타낸다는 공통점이 있어요.

❷ 접속사 + S + V, S + V

Before you enter, you must knock. 당신은 들어오기 전에, 노크해야만 합니다.
After I have dinner, I brush my teeth. 나는 저녁을 먹은 후, 이를 닦는다.
When I have a test, I am nervous. 나는 시험을 볼 때, 긴장을 해.
While I was there, I met many people. 난 거기에 있는 동안, 많은 사람들을 만났어.
As soon as I hear the news, I will call you. 난 그 소식을 듣자마자, 너에게 전화할 거야.

> **Point 1** '주절'과 '종속절'의 위치를 바꿀 수도 있어요.
> **Point 2** '종속절'이 먼저 나올 때는 '주절'이 나오기 전에 comma(,)를 찍어 주세요.

영작비법 28 — 이유의 접속사

문장 + 이유의 접속사 + 문장

❶ S + V + 접속사 + S + V

I like you **because** you are handsome. 넌 잘생겼기 때문에 난 너를 좋아해.
I hate you **because** you are rude. 넌 무례하기 때문에 난 네가 싫어.
Emma is tired **because** it is early morning. 이른 아침이라서 엠마는 피곤하다.
He was absent yesterday **because** he was sick. 아팠기에 그는 어제 결석을 했다.

> **Point 1** 의미만 달라질 뿐 접속사의 역할은 같아요. 이유를 나타내는 접속사는 문맥에 따라 '~때문에, ~해서, ~라서, ~이기에' 등으로 해석합니다.
>
> **Point 2** '주절 / 종속절'의 순서대로 등장하고 있습니다.

❷ 접속사 + S + V, S + V

Because you are handsome, I like you. 넌 잘생겼기 때문에, 난 너를 좋아해.
Because you are rude, I hate you. 넌 무례하기 때문에, 난 네가 싫어.
Because it is early morning, Emma is tired. 이른 아침이라서, 엠마는 피곤하다.
Because he was sick, he was absent yesterday. 그는 아팠기에, 어제 결석을 했다.

> **Point 1** 마찬가지로 절의 순서를 바꿀 수 있어요.
>
> **Point 2** 중간에 comma(,)를 찍어 절과 절을 나눠 주세요. 말할 때는 쉬어가는 부분이기도 해요.

워밍업 순간영작 : 영작비법에서 배운 어순에 맞춰 빈칸에 알맞은 말을 넣어, 문장을 완성해 보세요.

① He emailed _____ he got home.
그는 집에 도착하자마자 이메일을 보냈다.

② I will leave you _____ I love you.
널 사랑하기에 널 떠날 거야.

③ What happened _____ I was in London?
내가 런던에 있는 동안에 무슨 일 있었어?

④ _____ you go to school, the doll may talk.
네가 학교에 간 후, 그 인형은 말을 할지도 모른단다.

⑤ _____ I miss her, I will wait for her.
난 그녀가 그립기 때문에, 그녀를 기다릴 거야.

⑥ _____ I read a book, you always call me.
내가 책을 읽을 때, 넌 항상 전화를 해.

⑦ We can't make a copy _____ the copy machine is broken.
그 복사기가 고장 나 있기 때문에 우리는 복사를 할 수 없어.

⑧ We were not afraid _____ we were together.
우리가 함께였을 때 우리는 두렵지 않았어.

⑨ _____ the coffee is hot, you should be careful.
그 커피는 뜨겁기 때문에, 조심해야 해.

⑩ _____ I finish my work, I will stay here with you.
내 일을 끝낸 후에, 나는 너와 여기에 있을 거야.

Vocabulary
email 이메일을 보내다 get home 집에 도착하다 leave 떠나다 happen 일이 발생하다
go to school 학교에 가다 doll 인형 talk 말을 하다 miss 그리워하다 wait for ~를 기다리다
call 전화하다 make a copy 복사하다 copy machine 복사기 broken 고장이 난 afraid 두려운
together 함께 careful 신중한, 조심하는 finish 끝내다 work 일 stay 머무르다

어순 순간영작

같은 문장이라도 쉽다고 생각하지 말고, 어순에 맞게 순간 영작이 되도록 연습해 보세요. 7개 이상 맞혔다면, 영작 왕초보 탈출!

❶ _____ + _____ + _____
　그는 이메일을 보냈다　　　~하자마자　　　　그가 집에 도착하다

❷ _____ + _____ + _____
　나는 너를 떠날 거야　　　~때문에　　　　나는 너를 사랑한다

❸ _____ + _____ + _____
　무슨 일이 있었니?　　　~동안에　　　　내가 런던에 있었다

❹ _____ + _____ + _____
　~후에　　　　네가 학교에 가다　　　그 인형은 말을 할지도 모른단다

❺ _____ + _____ + _____
　~때문에　　　　난 그녀가 그립다　　　나는 그녀를 기다릴 거야

❻ _____ + _____ + _____
　~할 때　　　　나는 책을 읽는다　　　너는 항상 나에게 전화를 해

❼ _____ + _____ + _____
　우리는 복사를 할 수 없어　　~때문에　　　그 복사기는 고장 나 있다

❽ _____ + _____ + _____
　우리는 두렵지 않았어　　　~할 때　　　　우리가 함께 있었다

❾ _____ + _____ + _____
　~때문에　　　　그 커피는 뜨겁다　　　너는 조심해야 해

❿ _____ + _____ + _____
　~후에　　　　나는 내 일을 끝낸다　　나는 너와 여기에 있을 거야

Unit 14 시간과 이유의 접속사

생활 속 실전 영작 :

생활밀착형 문장들을 직접 영작해 보세요.
단어를 모를 때는 아래의 Hint를 참고합니다.

MP3_14

Emma Song
3월 10일 오후 6:30

*S – suspect(용의자) / P – policeman(경찰)

S : ❶ 내가 집에 돌아왔을 때는 이미 10시였어요.
_____

❷ 집에 돌아오자마자, 샤워를 했어요.
_____

P : ❸ 샤워를 한 후, 자러 갔나요?
_____

S : 아뇨, ❹ 가장 좋아하는 영화가 TV에서 방영해서 TV를 켰어요.
No, _____

❺ TV를 보는 동안에 어떤 한 여자의 비명 소리를 들었어요.
_____

❻ 그때가 10시였어요.
_____

P : 그렇지만 ❼ 당신은 10시 후에 집에 돌아왔잖아요.
But _____

S : 젠장!
What the!

Hint

already 이미　**get home** 집에 돌아오다(=get back home)　**take a shower** 샤워를 하다
go to sleep 자러 가다　**turn on** 켜다　**favorite** 가장 좋아하는　**on TV** TV에서　**hear** 듣다
scream 비명 소리　**watch TV** TV를 보다

122

실전 영작 분석 :
실전 영작에서 써 본 문장들을 어순 연습을 통해 다시 한 번 정리해 보세요.

- 문장 + 시간의 접속사 + 문장
- 문장 + 이유의 접속사 + 문장

❶ **이미 + 10시였다 + ~할 때 + 내가 + 집에 돌아왔다**
It was already 10 when I got home. → 시간을 나타내는 비인칭 주어 it을 쓰면 돼요. 이때 it은 아무 의미가 없답니다. '주절 / 종속절' 구문이에요.

❷ **~하자마자 + 내가 + 집에 돌아왔다, + 나는 + 샤워를 했다**
As soon as I got back home, I took a shower. → '종속절, 주절'의 구문으로 써 보세요. 주절이 시작하기 전 comma(,)도 잊지 마세요.

❸ **~후에 + 너는 + 샤워를 했다, + 너는 + 자러 갔니?**
After you took a shower, did you go to sleep? → 우리말에서는 주어가 종종 생략되지만, 영어에서는 접속사를 쓸 때 꼭 주어를 함께 씁니다.

❹ **나는 + TV를 켰다 + ~때문에 + 내가 가장 좋아하는 영화가 + 방영했다 + TV에서**
I turned on TV because my favorite movie was on TV. → 이유를 나타내는 접속사 because가 쓰였네요. favorite(가장 좋아하는)은 소유격(위 문장에서는 my)과 같이 쓰여요.

❺ **나는 + 들었다 + 한 여자의 비명 소리를 + ~ 동안에 + 내가 + 시청했다 + TV를**
I heard a woman's scream while I was watching TV. → 시간을 나타내는 while(~동안에)이라는 접속사를 쓰면 되겠어요. TV를 본 중에 비명 소리를 들은 것이므로 과거진행형을 사용한 것 아시죠?

❻ **그 때가 + 10시였다**
It was 10. → 역시나 시간을 나타내는 비인칭 주어 it을 써 주세요.

❼ **너는 + 집에 돌아왔다 + ~ 후에 + 10시**
you got back home after 10. → after(후에), before(전에)의 경우, 접속사와 전치사 역할을 모두 할 수 있어요. 접속사는 뒤에 문장(주어+동사)을 취하고, 전치사는 뒤에 명사를 취한답니다. 여기에선 after 뒤에 '10시'라는 명사가 왔으니 전치사로 쓰였다고 보면 됩니다. ('접속사와 전치사'는 Unit 27에서 확인하실 수 있습니다.)

한 단계 업그레이드!

문단 속에서 영작을 해 볼 차례입니다. 우리말을 영어로 바꿔 쓰면서 실력을 한 단계 더 업그레이드 해 보세요!

❶ _____
   → 크리스마스가 다가올 때, 나는 신이 난다
_____.

❷ _____
   → 그 날은 또한 일 년에 한 번뿐이기 때문에 나는 특별한 시간을 보내고 싶다
_____.

❸ _____
   → 나는 그 날을 즐기기 전에, 크리스마스를 위해 많은 특별한 것들을 준비한다
_____.

❹ _____
   → 내 친구들과 나는 우리가 파티를 하는 동안 서로와 선물을 교환한다
_____.

After the party, I wait for the New Year.

문장 확인!

크리스마스가 다가올 때, 나는 신이 난다.
그 날은 또한 일 년에 한 번뿐이기 때문에 나는 특별한 시간을 보내고 싶다.
나는 그 날을 즐기기 전에, 크리스마스를 위해 많은 특별한 것들을 준비한다.
내 친구들과 나는 우리가 파티를 하는 동안 서로와 선물을 교환한다.
그 파티 후에, 나는 새해를 기다린다.

Hint

excited 신이 난 **once a year** 일년에 한 번 **enjoy** 즐기다 **prepare** 준비하다
exchange with ~와 교환하다 **have a party** 파티를 하다(열다)

Unit 15

2형식 문장

Emma becomes skinny.

엠마는 말라간다.

영작 시크릿 노트 : 영작비법과 그에 해당하는 예문을 통해 말하기와 영작에 꼭 필요한 핵심 비법을 익혀 보세요.

영작비법 29 2형식 문장 – be/become

주어 + be동사/become + 주격보어(명사/형용사)

❶ 주어 + be동사 + 명사/형용사

I **am** a lawyer. 나는 변호사야.
It **was** cool. 그건 멋졌어.
My gift **was** soap. 내 선물은 비누였어.
This ice-cream **is** really sweet. 이 아이스크림 진짜 달콤하다.

> **Point 1** be동사는 대표적인 '2형식 동사'입니다.
> **Point 2** 'be동사 + 명사/형용사' 구문은 이미 많이 써 보셨죠? 그 문장들이 모두 다 2형식문장이었답니다.

❷ 주어 + become + 명사/형용사

You **become** a star. 너는 스타가 돼.
Emma **became** sober. 엠마는 술이 깼어.
Joe **became** a chef. 조는 셰프가 되었다.
The weather **became** clear. 날씨가 맑아졌다.

> **Point 1** be동사와 비슷하게 생긴 become도 2형식 동사입니다. become의 과거형은 became으로, 불규칙하게 변한답니다.
> **Point 2** become은 '~가 되다'라고 해석하면 돼요. '술이 깼어'도 술이 깬 상태가 된 것이고, '날씨가 맑아졌다'도 맑아진 상황이 된 것이니 become을 사용하는 뉘앙스를 아시겠죠?

영작비법 30 2형식 문장 – 감각동사

주어 + 감각동사 + 주격보어(형용사)

① 주어 + 감각동사 + 형용사

You **look** tired. 너 피곤해 보여.
It **smells** good. 그거 좋은 냄새가 난다.
The story **sounds** sad. 그 이야기는 슬프게 들려.
It **tastes** terrible. 그건 끔찍한 맛이 나.
I **feel** lonely. 나 외로운 기분이 들어. (외로움을 느껴.)

> **Point 1** 오감을 나타내는 '감각동사'도 2형식 동사랍니다.
> **Point 2** 감각동사 뒤에는 '형용사'만 올 수 있어요.

② 주어 + 감각동사 + like + 명사

You don't **look** like a teacher. 넌 선생님처럼 보이지 않는다.
It **smelled** like a mint. 그것은 민트 냄새가 났다.
The story doesn't **sound** like a fantasy. 그 이야기는 공상처럼 들리지 않는다.
It **tasted** like strawberries. 그건 딸기 맛이 났다.
Emma **felt** like a loser. 엠마는 패배자처럼 느껴졌다.

> **Point 1** 감각동사 뒤에 명사를 쓰고 싶다면, 감각동사 뒤에 like만 붙여 주면 됩니다.
> **Point 2** 이 때의 like는 동사가 아니라 '~처럼/~같은'이란 뜻의 전치사입니다. 전치사라서 뒤에 명사를 쓰는 거랍니다.

워밍업 순간영작

영작비법에서 배운 어순에 맞춰 빈칸에 알맞은 말을 넣어, 문장을 완성해 보세요.

❶ He _____ still a bum.
그는 여전히 백수야.

❷ Emma _____ stressed.
엠마는 스트레스 받은 것처럼 보여.

❸ _____ the movie a smash?
그 영화는 대박이었어?

❹ The shoes _____ brand new.
그 신발은 신상이에요.

❺ She _____ more popular.
그녀는 더 유명해졌어.

❻ It _____ funny.
그거 재미 없게 들려.

❼ The drama _____ exciting.
그 드라마는 흥미진진해졌어.

❽ The party _____ awesome!
그 파티는 굉장했어!

❾ _____ Emma _____ happy?
엠마는 행복해 보였어?

❿ My sister _____ a mother.
나의 언니는 엄마가 되었어.

Vocabulary
still 여전히 bum 백수 stressed 스트레스 받는 smash 대박 shoes 신발
brand new 완전 새로운 more 더 popular 인기 있는 funny 웃긴 exciting 흥미진진한
awesome 굉장한

어순 순간영작: 같은 문장이라도 쉽다고 생각하지 말고, 어순에 맞게 순간 영작이 되도록 연습해 보세요. 7개 이상 맞혔다면, 영작 왕초보 탈출!

❶ _____ + _____ + _____ + _____
　그는　　　　　　　　　여전히　　　　백수야

❷ _____ + _____ + _____
　엠마는　　　　보여　　　스트레스 받은 것처럼

❸ _____ + _____ + _____
　　　　　그 영화는　　　대박이었어?

❹ _____ + _____ + _____
　그 신발은　　　　　　신상이에요

❺ _____ + _____ + _____
　그녀는　　　~해졌어　　더 유명하게

❻ _____ + _____ + _____
　그거　　　　들려　　　재미없게

❼ _____ + _____ + _____
　그 드라마는　　~해졌어　흥미진진하게

❽ _____ + _____ + _____
　그 파티는　　　　　　굉장했어

❾ _____ + _____ + _____ + _____
　　　　　엠마는　　　보였어?　　　행복하게

❿ _____ + _____ + _____
　나의 언니는　　되었어　　엄마가

Unit 15 2형식 문장　**129**

생활 속 실전 영작 :
생활밀착형 문장들을 직접 영작해 보세요.
단어를 모를 때는 아래의 Hint를 참고합니다.

MP3_15

Emma Song
3월 29일 오후 8:40

❶ 그 숲은 으스스해 보였다.
___

❷ 그녀가 그 숲 속으로 걸어 들어갔을 때, 그녀는 어지러움을 느꼈다.
___

❸ 그녀는 동생의 물건들을 발견했다.
___

갑자기, ❹ 바람이 불었다.
Suddenly, ___
❺ 그것은 무섭게 들렸기 때문에, 그녀는 몸이 딱딱하게 굳어졌다.
___

그 순간, ❻ 그녀는 그녀의 동생을 봤다.
At that moment, ___
❼ 그녀는 슬퍼 보였다.
___

❽ 그녀는 여동생을 찾을 수 있을까?
___

Hint

forest 숲   **creepy** 으스스한   **walk into** ~안으로 걸어 들어가다   **dizzy** 어지러운   **find** 찾다
thing 물건   **blow** 불다   **scary** 무서운   **stiff** 딱딱하게 굳은

실전 영작 분석 :
실전 영작에서 써 본 문장들을 어순 연습을 통해 다시 한 번 정리해 보세요.

- 주어 + be동사/become + 주격보어(명사/형용사)
- 주어 + 감각동사 + 주격보어(형용사)

① 그 숲은 + 보였다 + 으스스하게
The forest looked creepy. → 감각동사 look이 쓰였으니, 뒤에 형용사인 creepy(으스스한)를 연결하면 돼요.

② ~할 때 + 그녀가 + 걸어 들어갔다 + 그 숲으로, + 그녀는 + 느꼈다 + 어지러움을
When she walked into the forest, she felt dizzy. → 시간을 나타내는 접속사 when이 사용된 문장이네요. 감각동사 feel 뒤에 형용사 dizzy(어지러운)를 연결해 주세요.

③ 그녀는 + 발견했다 + 그녀의 동생의 물건들을
She found her sister's things. → thing은 '것' 또는 '물건'이라는 뜻으로 쓰일 수 있어요.

④ 바람이 + 불었다
the wind blew. → blow(불다)의 과거형(blew)에 주의하세요. 불규칙 동사는 나올 때마다 외워 두면 좋아요!

⑤ ~때문에 + 그것은 + 들렸다 + 무섭게, + 그녀는 + ~해졌다 + 딱딱하게
Because it sounded scary, she became stiff. → 감각동사 sound 뒤에 형용사 scary(무서운)를 연결해 주세요. become 뒤에도 형용사 stiff(뻣뻣한, 굳은)가 등장하고 있어요. 이러한 두 문장이 이유를 나타내는 접속사 because로 연결되어 있네요.

⑥ 그녀는 + 보았다 + 그녀의 동생을
she saw her sister. → see(보다)의 과거형도 saw로 불규칙 동사랍니다.

⑦ 그녀는 + 보였다 + 슬프게
She looked sad. → 감각동사를 사용한 문장이에요. 'look + 형용사' 구문을 기억해 주세요.

⑧ 그녀는 + 찾을 수 있을까? + 그녀의 여동생을
Can she find her sister? → 조동사 의문문입니다. 의문문이니 조동사와 주어의 자리를 바꿔 주고, 동사 원형을 넣으면 완벽하게 문장을 쓸 수 있어요.

한 단계 업그레이드! : 문단 속에서 영작을 해 볼 차례입니다. 우리말을 영어로 바꿔 쓰면서 실력을 한 단계 더 업그레이드 해 보세요!

❶ _____.
  → 내가 어렸을 때, 나는 매우 연약하고 말랐었다

One day, ❷ _____
  → 나는 어지러움을 느꼈고 창백해 보였다
while I was on an airplane with my parents.

❸ _____.
  → 나의 부모님은 내가 정말 걱정이 되었다

Fortunately, I could get off the airplane without any

misadventure.

❹ _____.
  → 나는 더 건강해졌다

So now I get on airplanes at ease.

문장 확인!!

내가 어렸을 때, 나는 매우 연약하고 말랐었다.
어느 날, 부모님과 비행기에 있는 동안에 나는 어지러움을 느꼈고 창백해 보였다.
나의 부모님은 내가 정말 걱정이 되었다.
다행히도, 나는 어떠한 문제 없이 비행기에서 내릴 수 있었다.
나는 더 건강해졌다. 그래서 지금 나는 편하게 비행기를 탄다.

Hint

child 아이   **frail** 허약한   **thin** 마른   **dizzy** 어지러운   **pale** 창백한
worried about ~에 대해 걱정하는   **healthier** 더 건강한

Unit 16

3형식 문장

Do you want to be Emma's student?
넌 엠마의 학생이 되고 싶니?

영작 시크릿 노트 : 영작비법과 그에 해당하는 예문을 통해 말하기와 영작에 꼭 필요한 핵심 비법을 익혀 보세요.

영작비법 31 ▶ 3형식 문장

주어 + 동사 + 목적어(명사)

❶ 주어 + 동사 + 명사

You have **a chance**. 넌 기회를 가지고 있어. (넌 기회가 있어.)
I need **your help**. 난 너의 도움을 필요로 해. (난 너의 도움이 필요해.)
We love **him**. 우린 그를 사랑해.
Emma sings **a song**. 엠마는 노래를 해.

I watched **my favorite drama**. 나는 내가 제일 좋아하는 드라마를 봤어.
She didn't play **golf**. 그녀는 골프를 치지 않았어.
Gaia bought **some bread**. 가이아는 약간의 빵을 샀어.
Elisa doesn't like **Eric**. 엘리사는 에릭을 좋아하지 않아.

Point 1 목적어는 주로 '~을/를'이라고 해석이 됩니다. 문맥에 맞게 해석하면 돼요.
Point 2 대명사가 목적어 자리에 올 때는, me/you/him/her/them/us/it과 같은 목적격을 씁니다.
Point 3 다섯 번째 문장의 favorite(가장 좋아하는)은 소유격(my, your, his, her 등)과 함께 쓰여요.
　　　　 *'인칭대명사'는 Unit 23에서 확인하실 수 있습니다.
Point 4 '골프를 치다'는 동사 play로 나타냅니다. 운동 이름 앞에는 관사를 쓰지 않아요.

영작비법 32 — 3형식 문장

주어 + 동사 + 목적어(to 부정사)

❶ 주어 + 동사 + to 부정사

I want **to sleep**. 나 자고 싶어.
She needs **to study** more. 그녀는 더 공부할 필요가 있어.
We plan **to take** a trip. 우리는 여행 가는 것을 계획해.
Emma decided **to learn** Spanish. 엠마는 스페인어를 배우기로 결심했어.

They refused **to go** there. 그들은 거기에 가는 것을 거절했어.
She failed **to express** her feelings. 그녀는 그녀의 감정을 표현하는 데 실패했어.
I promise **to stop by** at your office. 나는 네 사무실에 들르는 것을 약속해.
We don't agree **to accept** your offer. 우리는 당신의 제안을 받아들이는 것에 동의하지 않는다.

> **Point 1** 'to 부정사'는 'to + 동사원형'이죠? 이러한 to 부정사는 동사 뒤에서 '목적어' 역할도 할 수 있어요.
>
> **Point 2** 그러나 아무 동사나 to 부정사를 목적어로 취할 수 있는 건 아니에요. want, need, plan, decide, refuse, fail, promise, agree 등의 목적어 자리에 to 부정사가 옵니다.
>
> **Point 3** to 부정사가 목적어로 오는 3형식 문장의 해석 연습도 함께 하세요.

Unit 16 3형식 문장 **135**

워밍업 순간영작 :
영작비법에서 배운 어순에 맞춰 빈칸에 알맞은 말을 넣어, 문장을 완성해 보세요.

① She had _____.

그녀는 코 수술을 했어.

② Emma wants _____ his heart.

엠마는 그의 마음을 얻고 싶어.

③ They need _____ the knot.

그들은 결혼을 할 필요가 있어.

④ He is planning _____ the question.

그는 청혼하려고 계획하고 있어.

⑤ She refused _____.

그녀는 대답하는 것을 거부했어.

⑥ She didn't dump _____.

그녀는 나를 버리지 않았어.

⑦ Did Emma install _____?

엠마는 그 프로그램을 설치했니?

⑧ He drank _____.

그는 약간의 물을 마셨다.

⑨ I want _____ my mind.

나는 내 마음을 바꾸고 싶어.

⑩ Emma hopes _____ abroad.

엠마는 해외로 여행하는 것을 희망해.

Vocabulary
have a nose job 코 수술을 하다   win one's heart 마음을 얻다   tie the knot 결혼하다
pop the question 청혼하다   answer 대답하다   dump 버리다   install 설치하다   change 바꾸다
travel abroad 해외로 여행가다

어순 순간영작:

같은 문장이라도 쉽다고 생각하지 말고, 어순에 맞게 순간 영작이 되도록 연습해 보세요. 7개 이상 맞혔다면, 영작 왕초보 탈출!

❶ _____ + _____ + _____
　　그녀는　　　　　　　했어　　　　　　코 수술을

❷ _____ + _____ + _____ + _____
　엠마는　　　원해　　　얻는 것을　　그의 마음을

❸ _____ + _____ + _____
　　그들은　　　　　필요가 있어　　　　결혼을 할

❹ _____ + _____ + _____
　　그는　　　　　계획하고 있어　　　　청혼하려고

❺ _____ + _____ + _____
　　그녀는　　　　　거부했어　　　　　대답하는 것을

❻ _____ + _____ + _____
　　그녀는　　　　버리지 않았어　　　　나를

❼ _____ + _____ + _____ + _____
　　　　　엠마는　　　설치했니?　　　그 프로그램을

❽ _____ + _____ + _____
　　그는　　　　　　마셨다　　　　　약간의 물을

❾ _____ + _____ + _____ + _____
　나는　　　원해　　　바꾸는 것을　　내 마음을

❿ _____ + _____ + _____
　　엠마는　　　　　희망해　　　　해외로 여행하는 것을

Unit 16 3형식 문장

생활 속 실전 영작 :

생활밀착형 문장들을 직접 영작해 보세요.
단어를 모를 때는 아래의 Hint를 참고합니다.

MP3_16

Emma Song
3월 30일 오후 7:20

❶ 강아지를 키우고 싶나요?

❷ 강아지를 키우기로 결심했을 때, 몇 가지를 기억할 필요가 있어요.

❸ 당신의 강아지는 당신의 사랑과 돌봄이 필요해요.

❹ 당신의 강아지는 집에 혼자 있고 싶지 않아 해요.

❺ 여행을 계획할 때, 당신의 강아지와 함께 갈 필요가 있어요.

❻ 당신의 강아지는 당신과 함께 하고 싶어 해요.

❼ 당신의 강아지는 시간이 많지 않으니까요.

❽ 당신의 강아지는 항상 당신을 사랑한답니다.

Hint

have a dog 강아지를 키우다 decide 결심하다 remember 기억하다 several 몇몇의 love 사랑
care 돌봄 alone 홀로 at home 집에 take a trip 여행하다

실전 영작 분석 :
실전 영작에서 써 본 문장들을 어순 연습을 통해 다시 한 번 정리해 보세요.

● 주어 + 동사 + 목적어(명사/to 부정사)

❶ 너는 + 키우고 싶니? + 강아지를
Do you want to have a dog? → 키우고 싶다는 건 곧 갖고 싶다는 거겠죠? have라는 동사를 쓰면 됩니다. 목적어 자리에는 명사 dog(강아지)이 등장했어요.

❷ ~할 때 + 네가 + 결심했다 + 갖는 것을 + 강아지를,
+ 너는 + 필요가 있다 + 기억할 + 몇 가지 것들을
When you decide to have a dog, you need to remember several things. → 접속사 when(~할 때)으로 문장을 연결해야 해요. 'decide to 동사원형', 'need to 동사원형'을 활용하면 됩니다.

❸ 너의 강아지는 + 필요로 한다 + 너의 사랑 + 그리고 + 돌봄을
Your dog needs your love and care. → 목적어 자리에 명사 love(사랑)와 care(돌봄)을 등위 접속사 and로 연결하여 표현했네요.

❹ 너의 강아지는 + 원하지 않는다 + 혼자 있는 것을 + 집에
Your dog doesn't want to be alone at home. → 'want to 동사원형'을 적용하면 돼요. alone(혼자, 홀로)은 형용사라 to 뒤에 혼자 쓰일 수 없어요. '있다'라는 뜻의 동사원형 be를 넣어 줘야 합니다.

❺ ~할 때 + 네가 + 계획하다 + 여행가는 것을, + 너는 + 필요가 있다 + 갈 + 네 강아지와
When you plan to take a trip, you need to go with your dog. → 위와 마찬가지로 접속사 when으로 두 문장이 연결되었어요. 'plan to 동사원형'과 'need to 동사원형'을 사용해 주세요.

❻ 너의 강아지는 + 원한다 + 있는 것을 + 너와 함께
Your dog wants to be with you. → 'want to 동사원형' 구문을 활용하면 돼요.

❼ ~때문에 + 너의 강아지는 + 갖고 있지 않다 + 많은 시간을
Because your dog doesn't have much time. → 앞 문장에 대한 이유를 설명할 때, because(때문에)라는 접속사로 문장을 시작할 수 있어요. time(시간)은 셀 수 없는 명사이기도 하고, 부정문이라서 much(많은)를 사용하면 좋습니다.
('수량형용사'는 Unit 22에서 확인하실 수 있습니다.)

❽ 너의 강아지는 + 항상 + 사랑한다 + 너를
Your dog always loves you. → always(항상)은 일반동사 앞에 위치합니다. 3형식 문장으로 목적어 자리에 you(너)라는 대명사가 등장하고 있어요.

한 단계 업그레이드!

문단 속에서 영작을 해 볼 차례입니다. 우리말을 영어로 바꿔 쓰면서 실력을 한 단계 더 업그레이드 해 보세요!

❶ _____.
   └ 엠마는 새해의 결심을 세웁니다

❷ _____
   └ 그녀는 살을 빼기로 결심합니다

because she cannot wear some dresses.

❸ _____.
   └ 그녀는 더 많은 드레스를 입고 싶어하거든요

But if she continually gains weight, the dresses will become useless.

In addition, ❹ _____
                └ 그녀는 영어를 더 공부할 필요가 있어요

because English is really important for her tasks.

Emma thinks dieting and English are lifelong problems.

문장 확인!

엠마는 새해의 결심을 세웁니다. 그녀는 몇몇 드레스들을 입을 수 없기 때문에 살을 빼기로 결심해요. 그녀는 더 많은 드레스를 입고 싶어하거든요. 그러나 만약 그녀가 계속해서 살이 찐다면, 그 드레스들은 쓸모가 없어질 거랍니다. 게다가, 영어는 그녀의 업무에 정말 중요하기 때문에 영어를 더 공부할 필요가 있어요. 엠마는 다이어트와 영어는 평생의 숙제라고 생각합니다.

Hint

make a New Year's resolution 새해 결심을 세우다   lose weight 살을 빼다   put on 입다   more 더

Unit 17

4형식 문장

Emma gives you a boost.
엠마는 여러분에게 활력을 줍니다.

> **영작 시크릿 노트 :** 영작비법과 그에 해당하는 예문을 통해 말하기와 영작에 꼭 필요한 핵심 비법을 익혀 보세요.

영작비법 33 — 4형식 문장

주어 + 동사 + 간접목적어(사람) + 직접목적어(사물)

❶ 주어 + 동사 + 사람 + 사물

I gave **her a birthday gift**. 난 그녀에게 생일선물을 주었어.
She lends **me some money**. 그녀는 나에게 약간의 돈을 빌려준다.
Emma teaches **you English**. 엠마는 여러분에게 영어를 가르쳐 줘요.
My mother showed **my boyfriend my old pictures**.
나의 엄마가 나의 남친에게 나의 옛 사진들을 보여 주셨어요.

He told **us a story**. 그는 우리에게 이야기 하나를 해 주었어.
Elisa will send **you some documents**. 엘리사는 너에게 서류를 좀 보낼 것이다.
I wrote **him a check**. 나는 그에게 수표 한 장을 써 주었다.
Emma read **me the letter**. 엠마는 나에게 그 편지를 읽어 주었다.

Point 1 4형식은 목적어 두 개가 등장합니다.

Point 2 4형식 동사인 '수여동사'는 '~해 주다'라는 의미로 해석하면 돼요. '간접목적어' 자리에는 '사람', '직접목적어' 자리에는 '사물'을 써 주세요. '사람에게 사물을 ~해 주다'라는 의미로 완성될 수 있답니다. 예문에서 쓰인 수여동사들의 의미를 확인해 주세요. (give 주다, lend 빌려 주다, teach 가르쳐 주다, show 보여 주다, tell 말해 주다, send 보내 주다, write 써 주다, read 읽어 주다)

Point 3 다섯 번째 예문에서 나온 tell의 경우, 우리는 보통 '말하다'라고 해석하죠? 그러나 '수여동사'로 쓰였을 경우, '말해 주다'라고 해석해요.

Point 4 목적어 자리이기 때문에 대명사를 쓸 때도 목적격(me/you/him/her/them/us/it)을 쓰면 됩니다.

영작비법 34 · 4형식 문장

주어 + 동사 + 직접목적어(사물) + to + 간접목적어(사람)

❶ 주어 + 동사 + 사물 + to + 사람

I gave a birthday gift to her. 난 그녀에게 생일선물을 주었어.
She lends some money to me. 그녀는 나에게 약간의 돈을 빌려준다.
Emma teaches English to you. 엠마는 여러분에게 영어를 가르쳐 줘요.
My mother showed my old pictures to my boyfriend.
나의 엄마가 나의 남친에게 나의 옛 사진들을 보여 주셨어요.

He told a story to us. 그는 우리에게 이야기 하나를 해 주었어.
Elisa will send some documents to you. 엘리사는 너에게 서류를 좀 보낼 것이다.
I wrote a check to him. 나는 그에게 수표 한 장을 써 주었다.
Emma read the letter to me. 엠마는 나에게 그 편지를 읽어 주었다.

> **Point 1** 사람과 사물, 두 개의 목적어 자리를 바꿀 수도 있어요.
> **Point 2** 자리를 바꾼 후에, 사람 앞에 전치사 to를 넣어 주면 끝!
> **Point 3** 두 개의 목적어 자리를 바꿀 때, 동사에 따라 사용하는 전치사가 달라져요. 위 예문들의 동사는 모두 전치사 to를 씁니다.

워밍업 순간영작

영작비법에서 배운 어순에 맞춰 빈칸에 알맞은 말을 넣어, 문장을 완성해 보세요.

❶ He told _____.
그는 나에게 그의 아이디를 말해 줬어.

❷ The kind man showed _____.
그 친절한 남자가 나에게 길을 알려 줬어.

❸ He didn't give _____.
그는 엠마에게 꽃을 주지 않았어.

❹ Please lend _____.
나 그 책 빌려주라.

❺ His parents taught _____.
그의 부모님은 그에게 모든 것을 가르쳐 주셨어.

❻ We didn't tell _____.
우리는 그녀에게 그 상황을 말해 주지 않았어.

❼ He read _____.
그는 나에게 그의 아버지의 유언을 읽어 주었어.

❽ The director told _____.
그 감독은 우리에게 그 스토리라인을 말해 주었어.

❾ Eric didn't tell _____.
에릭은 나에게 진실을 말해 주지 않았어.

❿ Did that woman show _____?
저 여자가 너에게 길을 알려 주었니?

Vocabulary
screen name 아이디   show 보여 주다, 알려 주다   way 길, 방법   flowers 꽃   lend 빌려주다
everything 모든 것   situation 상황   will 유언   director 감독   storyline 스토리라인
truth 진실

어순 순간영작 :
같은 문장이라도 쉽다고 생각하지 말고, 어순에 맞게 순간 영작이 되도록 연습해 보세요. 7개 이상 맞혔다면, 영작 왕초보 탈출!

❶ _____ + _____ + _____ + _____
　　그는　　　　　　말해 줬어　　　　　나에게　　　　그의 아이디를

❷ _____ + _____ + _____ + _____
　그 친절한 남자가　　 알려 줬어　　　　 나에게　　　　 그 길을

❸ _____ + _____ + _____ + _____
　　그는　　　　　　주지 않았어　　　　엠마에게　　　　꽃들을

❹ _____ + _____ + _____ + _____
　　　　　　　　　　빌려 주라　　　　　나에게　　　　그 책을

❺ _____ + _____ + _____ + _____
　그의 부모님은　　　가르쳐 주셨어　　　그에게　　　　모든 것을

❻ _____ + _____ + _____ + _____
　　우리는　　　　　말해 주지 않았어　　그녀에게　　　그 상황을

❼ _____ + _____ + _____ + _____
　　그는　　　　　　읽어 주었어　　　　나에게　　　그의 아버지의 유언을

❽ _____ + _____ + _____ + _____
　　그 감독은　　　　말해 주었어　　　　우리에게　　　그 스토리라인을

❾ _____ + _____ + _____ + _____
　　에릭은　　　　　말해 주지 않았어　　나에게　　　　그 진실을

❿ _____ + _____ + _____ + _____ + _____
　　　　　　　　저 여자가　　　알려 주었니?　　너에게　　　그 길을

생활 속 실전 영작 :

생활밀착형 문장들을 직접 영작해 보세요.
단어를 모를 때는 아래의 Hint를 참고합니다.

MP3_17

Emma Song
3월 31일 오후 2:00

❶ 나의 부모님은 항상 나에게 많은 용돈을 주셔.
_____

❷ 나의 언니는 종종 나에게 옷을 좀 사 줘.
_____

❸ 나의 여동생은 나에게 뷰티에 관한 팁을 좀 줘.
_____

❹ 나의 강아지는 나에게 그의 배를 보여 줘.
_____

❺ 나의 형부는 나에게 삶의 지혜를 가르쳐 주셔.
_____

❻ 나의 조카는 항상 나에게 그녀의 환한 미소를 보여 줘.
_____

❼ 런던에 있는 나의 베프는 나에게 액세서리를 좀 보내 줘.
_____

그래서 ❽ 난 그들 모두를 사랑해!
So _____

Hint

always 항상	**a lot of** 많은	**allowance** 용돈	**older sister** 언니, 누나	**clothes** 옷
little sister 여동생	**tips on** ~에 대한 조언	**beauty** 아름다움	**belly** 배	**brother-in-law** 형부
wisdom of life 삶의 지혜	**bright smile** 환한 미소	**accessory** 액세서리	**all of them** 그들 모두

실전 영작 분석 :
실전 영작에서 써 본 문장들을 어순 연습을 통해 다시 한 번 정리해 보세요.

> ● 주어 + 동사 + 간접목적어(사람) + 직접목적어(사물)
> ● 주어 + 동사 + 직접목적어(사물) + to + 간접목적어(사람)

❶ 나의 부모님은 + 항상 + 준다 + 나에게 + 많은 용돈을
My parents always give me a lot of allowance. → 대표적인 수여동사인 'give + 사람 + 사물' 구문이네요. a lot of는 '많은'이란 뜻의 '수량 형용사'로, 명사 앞에 등장합니다.

❷ 나의 언니는 + 종종 + 사 준다 + 나에게 + 몇 벌의 옷을
My older sister often buys me some clothes. → 빈도부사 often(종종)은 일반동사와 함께 등장할 경우, 동사 앞에 넣어 주세요.

❸ 나의 여동생은 + 준다 + 나에게 + 몇몇 조언들을 + 뷰티에 관한
My little sister gives me some tips on beauty. → '~에 대한 조언'이라고 할 경우, tips on이란 표현을 사용하세요.

❹ 나의 강아지는 + 보여 준다 + 나에게 + 그의 배를
My puppy shows me his belly. → 'show + 사람 + 사물' 구문입니다.

❺ 나의 형부는 + 가르쳐 준다 + 나에게 + 삶의 지혜를
My brother-in-law teaches me wisdom of life. → 'teach + 사람 + 사물' 구문을 사용하면 됩니다.

❻ 나의 조카는 + 항상 + 보여 준다 + 나에게 + 그녀의 환한 미소를
My niece always shows me her bright smile. → 빈도부사 always(항상)는 일반동사 앞에 넣어 주세요.

❼ 나의 베스트 프렌드는 + 런던에 있는 + 보내 준다 + 나에게 + 약간의 액세서리들을
My best friend in London sends me some accessories. → 'send + 사람 + 사물' 구문입니다. '좀'이나 '약간'을 영어로 표현할 땐, some을 쓰면 돼요.

❽ 나는 + 사랑한다 + 그들 모두를
I love all of them! → 앞서 배운 '주어 + 동사 + 목적어' 형태의 3형식 문장입니다.

한 단계 업그레이드! : 문단 속에서 영작을 해 볼 차례입니다. 우리말을 영어로 바꿔 쓰면서 실력을 한 단계 더 업그레이드 해 보세요!

❶ _____.
  ↳ 엠마는 여러분에게 영어를 가르쳐 줘요

❷ _____.
  ↳ 엠마는 여러분에게 많은 유용한 이야기를 말해 줘요

❸ _____.
  ↳ 엠마는 여러분에게 배움의 즐거움을 줘요

❹ _____.
  ↳ 엠마는 여러분에게 다양한 이미지 자료를 보여 줍니다

❺ _____.
  ↳ 엠마는 여러분에게 매달 많은 자료를 보내 줍니다

If you study hard with Emma, you can improve your English effectively.

문장 확인!

엠마는 여러분에게 영어를 가르쳐 줘요.
엠마는 여러분에게 많은 유용한 이야기를 말해 줘요.
엠마는 여러분에게 배움의 즐거움을 줘요.
엠마는 여러분에게 다양한 이미지 자료를 보여 줍니다.
엠마는 여러분에게 매달 많은 자료를 보내 줍니다.
만약 여러분이 엠마와 열심히 공부한다면, 여러분은 여러분의 영어 실력을 효과적으로 향상시킬 수 있어요.

Hint

helpful 도움이 되는, 유용한   pleasure 즐거움   learning 배움   various 다양한   material 자료

Unit 18

5형식 문장

Emma makes you confident.

엠마는 여러분을 자신감 있게 만들어 드립니다.

영작 시크릿 노트 :
영작비법과 그에 해당하는 예문을 통해 말하기와 영작에 꼭 필요한 핵심 비법을 익혀 보세요.

영작비법 35 5형식 문장

주어 + 동사 + 목적어 + 목적보어(명사)

❶ 주어 + 동사 + 목적어 + 목적보어(명사)

I made him **a CEO**. 난 그를 CEO로 만들었어.
They called me **a genius**. 그들은 나를 천재라고 불렀지.
We named the dog **Bingo**. 우리는 그 강아지한테 Bingo라고 이름 지어 주었어.
We think Emma **a good teacher**. 우리는 엠마가 좋은 선생님이라고 생각한다.

Emma thinks him **a fool**. 엠마는 그를 바보라고 생각한다.
We elected her **President**. 우리는 그녀를 대통령으로 뽑았다.
Gaia doesn't consider me **a friend**. 가이아는 나를 친구로 여기지 않는다.
I thought him **a great doctor**. 나는 그가 훌륭한 의사라고 생각했다.

> **Point 1** 목적보어는 목적어를 '더 꾸며 주는' 역할을 해요. 목적보어 자리에는 '명사'와 '형용사'가 기본적으로 등장할 수 있습니다. 위의 예문에서는 명사를 확인해 주세요.
>
> **Point 2** 5형식 동사로는 make(만들다), call(부르다), name(이름을 지어주다), think(생각하다), elect(선출하다), consider(여기다, 생각하다) 등이 있으니 동사의 종류에도 주목해 주세요. 해석 연습이 아주 중요한 형식이랍니다.

> **영작비법 36** 5형식 문장

주어 + 동사 + 목적어 + 목적보어(형용사)

❶ **주어 + 동사 + 목적어 + 목적보어(형용사)**

Emma makes you **happier**. 엠마는 여러분을 더 행복하게 만들어요.
He kept the room **clean**. 그는 그 방을 깨끗하게 유지했어.
I found the food **delicious**. 난 그 음식이 맛있다고 생각했어.
Emma thinks time **important**. 엠마는 시간이 중요하다고 생각한다.

We found the film **exciting**. 우리는 그 영화가 흥미진진하다고 생각했다.
The book made me **annoyed**. 그 책은 나를 짜증나게 만들었다.
The fur keeps them **warm**. 그 털은 그들을 따뜻하게 유지해 준다.
The prize money made us **rich**. 그 상금은 우리를 부유하게 만들었다.

> **Point 1** 5형식 동사로 쓰이는 동사들도 다시 한 번 확인해 보세요. 대표적으로 make(만들다), keep(유지하다), find(생각하다), think(생각하다)가 있어요.
>
> **Point 2** 역시나 해석이 중요합니다. 형용사 목적보어는 '~하게'라는 뜻으로 해석이 됩니다. 부사처럼 해석이 되지만, 부사는 절대 보어 역할을 할 수 없으니 형용사를 써야 해요.

워밍업 순간영작 :
영작비법에서 배운 어순에 맞춰 빈칸에 알맞은 말을 넣어, 문장을 완성해 보세요.

❶ Emma calls herself _____.
엠마는 그녀 자신을 공주라고 불러.

❷ The situation made her _____.
그 상황은 그녀를 화나게 만들었어.

❸ They kept the room _____.
그들은 그 방을 따뜻하게 유지했어.

❹ Emma found the box _____.
엠마는 그 상자가 비어 있는 것을 발견했다.

❺ He called her _____.
그는 그녀를 거짓말쟁이라고 불렀어.

❻ The kid named the teddy bear _____.
그 아이는 그 곰 인형에게 곰돌이라고 이름을 지어 주었다.

❼ Did he make you _____?
그가 널 슬프게 만들었니?

❽ Emma doesn't think it _____.
엠마는 그게 불가능하다고 생각하지 않아.

❾ They named the baby _____.
그들은 그 아기에게 백설공주라고 이름 지어 주었다.

❿ Please keep this information _____.
이 정보를 비밀로 유지하세요.

Vocabulary
herself 그녀 자신 princess 공주 situation 상황 angry 화가 난 keep 유지하다
warm 따뜻한 empty 텅 빈 liar 거짓말쟁이 teddy bear 곰 인형 sad 슬픈
impossible 불가능한 Snow White 백설공주 information 정보 secret 비밀의

어순 순간영작:

같은 문장이라도 쉽다고 생각하지 말고, 어순에 맞게 순간 영작이 되도록 연습해 보세요. 7개 이상 맞혔다면, 영작 왕초보 탈출!

❶ _____ + _____ + _____ + _____
　　엠마는　　　　불러　　　그녀 자신을　　　공주라고

❷ _____ + _____ + _____ + _____
　그 상황은　　　만들었어　　　그녀를　　　　화나게

❸ _____ + _____ + _____ + _____
　　그들은　　　　유지했어　　　그 방을　　　따뜻하게

❹ _____ + _____ + _____ + _____
　　엠마는　　　　발견했다　　　그 상자가　　비어 있는 것을

❺ _____ + _____ + _____ + _____
　　그는　　　　　불렀어　　　　그녀를　　　거짓말쟁이라고

❻ _____ + _____ + _____ + _____
　그 아이는　　이름 지어 주었다　그 곰 인형에게　곰돌이라고

❼ _____ + _____ + _____ + _____ + _____
　　　　　그가　　만들었니?　　　널　　　　슬프게

❽ _____ + _____ + _____ + _____
　　엠마는　　　생각하지 않아　　　그게　　　불가능하다고

❾ _____ + _____ + _____ + _____
　　그들은　　이름 지어 주었다　그 아기에게　백설공주라고

❿ _____ + _____ + _____ + _____
　　유지하세요　　　　　　이 정보를　　　　비밀로

Unit 18 5형식 문장

생활 속 실전 영작 :

생활밀착형 문장들을 직접 영작해 보세요.
단어를 모를 때는 아래의 Hint를 참고합니다.

MP3_18

Emma Song
4월 1일 오후 1:00

❶ 나 어제 쇼핑을 했어.
_____

❷ 옷 몇 벌을 샀어.
_____

❸ 그 하늘색 드레스는 나를 더 예쁘게 만들어 줘.
_____

❹ 그 꽃무늬 블라우스는 나를 더 어리게 만들어 줘.
_____

❺ 그 체크 스커트는 나를 더 날씬하게 만들어 줘.
_____

❻ 그 땡땡이 머리띠는 나를 더 화사하게 만들어 줘.
_____

❼ 그 쇼핑은 성공적이었어!
_____

요즘, ❽ 인터넷은 쇼핑을 더 쉽게 만들어.
These days, _____

그래서 ❾ 쇼핑은 더 이상 사람들을 피곤하게 하지 않지.
So _____

❿ 쇼핑은 나를 항상 행복하게 만들어.
_____

Hint

go shopping 쇼핑을 가다　　get 사다　　sky-blue 하늘색　　prettier 더 예쁜　　floral 꽃무늬의
blouse 블라우스　　younger 더 어린　　checked 체크무늬의　　slimmer 더 날씬한　　polka-dot 땡땡이무늬의
headband 머리띠　　brighter 더 화사한　　successful 성공적인　　easier 더 쉬운　　anymore 더 이상

실전 영작 분석 : 실전 영작에서 써 본 문장들을 어순 연습을 통해 다시 한 번 정리해 보세요.

> ● 주어 + 동사 + 목적어 + 목적보어(명사/형용사)

① 나는 + 쇼핑을 했다 + 어제
<u>I went shopping yesterday.</u> → go shopping(쇼핑을 하다, 쇼핑을 하러 가다)이란 표현을 통으로 익혀 두세요.

② 나는 + 샀다 + 몇 벌의 옷을
<u>I got some clothes.</u> → 이 문장은 '3형식 문장(주어 + 동사 + 목적어)'입니다.

③ 그 하늘색 드레스는 + 만든다 + 나를 + 더 예쁘게
<u>The sky-blue dress makes me prettier.</u> → 5형식 문장이에요. 목적 보어 자리에 형용사 prettier(더 예쁜)가 나왔습니다.

④ 그 꽃무늬 블라우스는 + 만든다 + 나를 + 더 어리게
<u>The floral blouse makes me younger.</u> → younger(더 어린)이란 형용사를 확인하세요.

⑤ 그 체크 스커트는 + 만든다 + 나를 + 더 날씬하게
<u>The checked skirt makes me slimmer.</u> → 목적 보어 자리에 형용사인 slimmer(더 날씬한)를 이어 주세요.

⑥ 그 땡땡이 머리띠는 + 만든다 + 나를 + 더 화사하게
<u>The polka-dot headband makes me brighter.</u> → 5형식 문장의 반복으로 make(만들다) 동사를 반복 연습하고 있습니다. 목적 보어 자리에 brighter(더 화사한)을 연결해 주세요.

⑦ 그 쇼핑은 + 성공적이었다
<u>The shopping was successful!</u> → '2형식 문장(주어 + 동사 + 주격보어)'입니다. 'be동사 + 형용사' 구문이에요.

⑧ 인터넷은 + 만든다 + 쇼핑을 + 더 쉽게
<u>Internet makes shopping easier.</u> → 형용사 '더 쉬운(easier)'을 확인하세요.

⑨ 쇼핑은 + 만들지 않아 + 사람들을 + 피곤하게 + 더 이상
<u>shopping doesn't make people tired anymore.</u> → 역시 목적보어 자리에 '피곤한(tired)'이란 형용사가 나왔습니다.

⑩ 쇼핑은 + 항상 + 만들어 + 나를 + 행복하게
<u>Shopping always makes me happy.</u> → 목적보어 자리에 '행복한(happy)'이란 형용사가 나왔어요.

한 단계 업그레이드!

문단 속에서 영작을 해 볼 차례입니다. 우리말을 영어로 바꿔 쓰면서 실력을 한 단계 더 업그레이드 해 보세요!

❶ _____.
  → 컴퓨터 게임은 나를 신나게 만들었다

I usually played the games with players I don't know.

❷ _____.
  → 인터넷상의 사람들은 나를 영웅이라고 불렀다

❸ _____.
  → 나는 내 자신에게 '파괴자'라는 이름을 붙여 주었다

One day, when I met with my friends, we decided to go to a PC room.

When I played the games with my friends,

❹ _____.
  → 나는 그게 더 흥미진진하다는 것을 알게 되었다

After that, I often played games with them.

문장 확인!

컴퓨터 게임은 나를 신나게 했다.
나는 주로 내가 모르는 사람들과 게임을 했다. 인터넷상의 사람들은 나를 영웅이라고 불렀다. 나는 내 자신에게 '파괴자'라는 이름을 붙여 주었다. 어느 날, 내가 내 친구들을 만났을 때, 우린 PC방에 가기로 결정했다. 나는 친구들과 게임을 할 때, 더 흥미진진하다는 것을 알게 되었다. 그 후, 나는 종종 그들과 게임을 했다.

Hint

excited 신이 난   on the Internet 인터넷상에서   hero 영웅   myself 자신   destroyer 파괴자

Unit 19

셀 수 있는 명사와 없는 명사

Prepare coffee and a pen.

커피와 펜을 준비하세요.

영작 시크릿 노트 : 영작비법과 그에 해당하는 예문을 통해 말하기와 영작에 꼭 필요한 핵심 비법을 익혀 보세요.

영작비법 37 | 셀 수 있는 명사

a/an + 셀 수 있는 명사
셀 수 있는 명사 + -s/es

❶ a/an + 셀 수 있는 명사(단수)

사람	직업	과일	사물
a boy	a teacher	an apple	a desk
a girl	a doctor	an orange	a chair
a man	a housewife	a peach	a charger
a woman	a student	a banana	a window

an + apple, eagle, idea, orange, umbrella

Point 1 셀 수 있는 명사는 항상 '하나인지 여러 개(한 명인지 여러 명)'인지 명시해 줘야 해요.
Point 2 'an'은 단어의 첫 철자가 모음(a, e, i, o, u)일 때 사용합니다.

❷ 셀 수 있는 명사 + -s/es(복수)

사람	직업	과일	사물
boys	teachers	apples	desks
girls	doctors	oranges	chairs
men	**housewives**	peaches	chargers
women	students	bananas	windows

Point 1 셀 수 있는 명사가 '여러 개' 또는 '여러 명'일 때에는 명사 뒤에 -s/es를 붙여 주면 됩니다. 주로 -s를 붙이고, -ch, -sh, -x, -o로 끝나는 경우엔 -es를 붙입니다.
Point 2 man, woman, housewife는 불규칙하게 변하는 단어이니 주의 깊게 봐야 해요.

영작비법 38 · 셀 수 없는 명사

~~a/an~~ + 셀 수 없는 명사
셀 수 없는 명사 + ~~-s/es~~

❶ a/an + 셀 수 없는 명사

가루	액체	덩어리
sugar	water	meat
salt	juice	butter
flour	coffee	cheese
sand	soda	chocolate

Point 1 '가루'나 '액체', '덩어리'를 나타내는 명사는 셀 수 없는 명사 취급합니다.
Point 2 위의 명사들은 셀 수 없기 때문에 하나를 나타내는 'a/an'과 함께 쓰일 수 없어요!

❷ 셀 수 없는 명사 + -s/es

가루	액체	덩어리
sugar	water	meat
salt	juice	butter
flour	coffee	cheese
sand	cheese	chocolate

Point 1 마찬가지로, 셀 수 없기 때문에 '여러 개'를 의미하는 -s/es를 붙일 수도 없어요.
Point 2 셀 수 없는 명사는 항상 '단수' 취급합니다.

워밍업 순간영작 :
영작비법에서 배운 어순에 맞춰 빈칸에 알맞은 말을 넣어, 문장을 완성해 보세요.

❶ Emma likes _____.

엠마는 돈을 좋아해.

❷ The _____ is really hot.

그 커피는 정말 뜨거워.

❸ Erin hates _____.

에린은 파인애플을 싫어해.

❹ _____ is good for your health.

치즈는 여러분의 건강에 좋아요.

❺ She is _____.

그녀는 점쟁이야.

❻ Joe drinks _____ too much.

조는 소다를 너무 많이 마셔.

❼ She has a lot of _____.

그녀에게는 많은 기회가 있어.

❽ They have different _____.

그들은 다른 성향을 가지고 있어.

❾ We need some _____ and _____.

우리는 우유와 버터가 필요해.

❿ She has curly _____.

그녀는 곱슬 머리야.

Vocabulary

money 돈 **hot** 뜨거운 **hate** 싫어하다 **pineapple** 파인애플 **cheese** 치즈
be good for ~에 좋다 **health** 건강 **fortune teller** 점쟁이 **soda** 소다 **a lot of** 많은
chance 기회 **different** 다른 **attitude** 성향, 태도 **some** 약간의, 좀 **milk** 우유 **butter** 버터
curly 곱슬거리는 **hair** 머리카락

생활 속 실전 영작 :

생활밀착형 문장들을 직접 영작해 보세요.
단어를 모를 때는 아래의 Hint를 참고합니다.

MP3_19

Emma Song
4월 2일 오후 1:30

❶ 바비큐 파티를 하자!
_____

❷ 나는 설탕, 소금, 쌀 그리고 후추를 가져갈게.
_____

에린! ❸ 사과, 오렌지, 복숭아 그리고 배를 좀 가져와.
Erin! _____

캐시! ❹ 고기, 버터, 치즈 그리고 빵을 가져와.
Cathy! _____

조! ❺ 휴대폰 충전기, 냄비, 버너 그리고 텐트를 하나씩 가져와.
Joe! _____

엘리사! ❻ 와인, 물 그리고 소다를 좀 가져와.
Elissa! _____

가이아! ❼ 오이 세 개, 당근 다섯 개 그리고 가지 두 개를 가져와.
Gaia! _____

에릭! ❽ 소스 좀 가져와.
Eric! _____

Hint

barbecue 바비큐   bring 가져오다   rice 쌀   pepper 후추   pear 배
cell phone charger 휴대폰 충전기   pot 냄비   burner 버너   tent 텐트   cucumber 오이
carrot 당근   eggplant 가지   sauce 소스

실전 영작 분석 : 실전 영작에서 써 본 문장들을 어순 연습을 통해 다시 한 번 정리해 보세요.

- a/an + 셀 수 있는 명사, 셀 수 있는 명사 + -s/es
- ~~a/an~~ + 셀 수 없는 명사, 셀 수 없는 명사 + ~~-s/es~~

❶ **하자! + 바비큐 파티를**
Let's have a barbecue party! → '~하자'는 'Let's + 동사원형!'으로 표현하면 됩니다. '가자!'라고 할 때 Let's go!라고 하죠? 같은 구조랍니다.

❷ **나는 + 가져갈 것이다 + 설탕, 소금, 쌀 그리고 후추를**
I will bring sugar, salt, rice and pepper. → 설탕이나 소금, 쌀, 후추는 모두 가루이기 때문에 셀 수 없어요. 그래서 a/an 또는 -s/es와 함께 쓰일 수 없답니다. 그리고 단어가 and로 연결되는 것을 잊지 마세요.

❸ **가져와 + 몇 개의 사과, 오렌지, 복숭아 그리고 배를**
Bring some apples, oranges, peaches and pears. → 사과나 오렌지, 복숭아, 배는 모두 과일이므로 셀 수 있는 명사입니다. '좀'이란 표현 some을 넣어 주면 문장이 더 풍성해질 수 있어요. some은 하나 이상을 뜻하기에 각각의 과일을 복수명사로 표현합니다.

❹ **가져와 + 고기, 버터, 치즈 그리고 빵을**
Bring meat, butter, cheese and bread.
→ 고기, 버터, 치즈, 빵과 같은 덩어리는 셀 수 없는 명사예요.

❺ **가져와 + 휴대폰 충전기, 냄비, 버너 그리고 텐트를 하나씩**
Bring a cell phone charger, a pot, a burner and a tent. → 제시된 사물들은 모두 셀 수 있는 명사입니다. '하나씩'이라고 했으니 a/an을 붙여 주면 돼요.

❻ **가져와 + 약간의 와인, 물 그리고 소다를**
Bring some wine, water and soda. → 와인, 물, 소다와 같은 액체는 셀 수 없는 명사입니다. '약간의'라는 표현이 있으니 some을 앞에 넣어 주면 좋습니다.

❼ **가져와 + 오이 세 개, 당근 다섯 개 그리고 가지 두 개를**
Bring three cucumbers, five carrots and two eggplants. → 오이, 당근, 가지는 모두 셀 수 있는 명사랍니다. 한 개 이상을 가져와야 하니 모두 복수명사로 표현해 주세요.

❽ **가져와 + 약간의 소스를**
Bring some sauce. → 소스는 셀 수 없는 명사랍니다. some으로만 연결하면 끝이에요.

한 단계 업그레이드!

문단 속에서 영작을 해 볼 차례입니다. 우리말을 영어로 바꿔 쓰면서 실력을 한 단계 더 업그레이드 해 보세요!

I made special dinner last night. It was for my friends.

My choice was steamed chicken!

❶ _____.
   → 나는 닭 한 마리, 당근 하나, 그리고 파가 좀 필요했다

❷ _____, so
   → 나는 양파와 감자를 정말로 좋아한다

❸ _____.
   → 나는 양파 두 개와 감자 세 개를 샀다

❹ _____.
   → 나는 우리의 디저트를 위해 오렌지 다섯 개와 사과 세 개를 샀다

My friends loved the dish I made. We had a wonderful time!

문장 확인!

나는 지난 밤에 특별한 저녁을 만들었다. 그건 나의 친구들을 위한 것이었다.
나의 선택은 찜닭이었다!
나는 닭 한 마리, 당근 하나, 그리고 파가 좀 필요했다.
나는 양파와 감자를 정말로 좋아해서 양파 두 개와 감자 세 개를 샀다.
나는 우리의 디저트를 위해 오렌지 다섯 개와 사과 세 개를 샀다.
내 친구들은 내가 만든 그 요리를 완전 좋아했다. 우리는 멋진 시간을 보냈다!

Hint

carrot 당근   green onion 파   onion 양파   potato 감자   buy 사다   dessert 디저트, 후식

Unit 20

지시대명사와 지시형용사

This class is very helpful.
이 수업은 매우 유용합니다.

영작 시크릿 노트 : 영작비법과 그에 해당하는 예문을 통해 말하기와 영작에 꼭 필요한 핵심 비법을 익혀 보세요.

영작비법 39 ▶ 지시대명사

지시대명사 + 동사

this	가까이에 있는 하나/한 명	이것은/얘는
that	멀리 있는 하나/한 명	저것은/쟤는
these	가까이에 있는 여러 개/여러 명	이것들은/얘들은
those	멀리 있는 여러 개/여러 명	저것들은/쟤들은

❶ 지시대명사 this/that + 동사

This is my puppy. 얘는 내 강아지야.
This is a cup. 이건 컵이야.
That is a bag. 저건 가방이야.
That is a window. 저건 창문이야.

> **Point 1** 지시대명사란 '이/저'라고 가리키면서 '명사'를 대신해서 나타내는 역할을 합니다.
> **Point 2** 가까이에 있는 한 명 또는 한 개를 나타낼 때는 this를 사용하고, 멀리 있는 한 명 또는 한 개를 나타낼 때는 that을 사용해요.

❷ 지시대명사 these/those + 동사

These are my puppies. 얘들은 내 강아지야.
These are cups. 이것들은 컵이야.
Those are bags. 저것들은 가방이야.
Those are windows. 저것들은 창문이야.

> **Point 1** 가까이에 있는 여러 명 또는 여러 개를 나타낼 때는 these를 사용하고, 멀리 있는 여러 명 또는 여러 개를 나타낼 때는 those를 사용해요.
> **Point 2** 여러 명/여러 개를 나타내기 때문에 뒤에 오는 be동사는 are을 써서 수를 일치시킵니다.

영작비법 40 　지시형용사

지시형용사 + 명사

this	단수명사/셀 수 없는 명사	이 명사
that		저 명사
these	셀 수 있는 복수 명사	이 명사들
those		저 명사들

(+ between columns)

❶ 지시형용사 this/that + 명사

This girl is Emma. 이 여자는 엠마야.
This shrimp is fresh. 이 새우는 신선해.
That girl is Erin. 저 여자는 에린이야.
That tree is very tall. 저 나무는 매우 커.

> **Point 1** this나 that이 지시형용사 역할을 할 때, 일반 형용사처럼 명사를 수식합니다.
> **Point 2** this나 that은 한 명 또는 한 개를 나타내기 때문에 단수 취급해요.

❷ 지시형용사 these/those + 명사

These girls are Emma and Erin. 이 여자들은 엠마와 에린이야.
These shrimps are fresh. 이 새우들은 신선해.
Those boys are Eric and Joe. 저 남자들은 에릭과 조야.
Those trees are very tall. 저 나무들은 매우 커.

> **Point 1** these나 those 역시 지시형용사 역할을 할 때, 명사를 수식합니다.
> **Point 2** these나 those는 여러 명 또는 여러 개를 나타내기 때문에 복수 취급해요. 그래서 뒤에 복수명사와 복수동사가 옵니다.

> **워밍업 순간영작 :** 영작비법에서 배운 어순에 맞춰 빈칸에 알맞은 말을 넣어, 문장을 완성해 보세요.

❶ _____ is delicious bread.

이건 맛있는 빵이야.

❷ _____ is my book.

저건 내 책이야.

❸ _____ people are my parents.

저 사람들은 나의 부모님이야.

❹ _____ are delicious bananas.

이건 맛있는 바나나들이야.

❺ _____ kids are really cute.

이 아이들은 정말 귀여워.

❻ _____ water is not cool.

이 물은 시원하지가 않아.

❼ _____ are my shorts.

저건 내 반바지야.

❽ _____ chair is comfortable.

이 의자는 편안해.

❾ I want to read _____ book.

난 저 책을 읽고 싶어.

❿ Look at _____ clouds!

저 구름들을 봐!

Vocabulary

delicious 맛있는 **bread** 빵 **book** 책 **people** 사람들 **parents** 부모님 **kid** 아이
cute 귀여운 **cool** 시원한 **shorts** 반바지 **chair** 의자 **comfortable** 편안한
want to 동사원형 ~하고 싶다 **read** 읽다 **look at** ~을 보다 **cloud** 구름

어순 순간영작 :
같은 문장이라도 쉽다고 생각하지 말고, 어순에 맞게 순간 영작이 되도록 연습해 보세요. 7개 이상 맞혔다면, 영작 왕초보 탈출!

❶ _____ + _____ + _____
   이건   맛있는 빵이야

❷ _____ + _____ + _____
   저건   내 책이야

❸ _____ + _____ + _____ + _____
  저   사람들은   나의 부모님이야

❹ _____ + _____ + _____
   이건   맛있는 바나나들이야

❺ _____ + _____ + _____ + _____
  이   아이들은   정말 귀여워

❻ _____ + _____ + _____ + _____
  이   물은   시원하지가 않아

❼ _____ + _____ + _____
   저건   내 반바지야

❽ _____ + _____ + _____ + _____
  이   의자는   편안해

❾ _____ + _____ + _____ + _____
  난   읽고 싶어   저   책을

❿ _____ + _____ + _____
   봐!   저   구름들을

Unit 20 지시대명사와 지시형용사

생활 속 실전 영작 :

생활밀착형 문장들을 직접 영작해 보세요.
단어를 모를 때는 아래의 Hint를 참고합니다.

MP3_20

❶ 이 사진 좀 봐!
_____

❷ 내가 어제 찍었어.
_____

❸ 이거 멋진 사진이다.
_____

❹ 어제 첫 눈이 내렸지.
_____

그래서 ❺ 이 사람은 우산을 쓰고 있구나.
So _____

❻ 저 차들은 바빠 보인다.
_____

맞아, ❼ 저 건물들 보여?
Right, _____

응, ❽ 삭막해 보인다.
Yes, _____

Hint

look at ~을 보다   **picture** 사진   **take** (사진을) 찍다   **photo, picture** 사진   **nice** 멋진
first snow 첫 눈   **come** 오다, 내리다   **person** 사람   **wear** 입다, 착용하다, 쓰다   **umbrella** 우산
car 자동차   **look** ~해 보이다   **busy** 바쁜   **see** 보다   **building** 건물   **gray** 삭막한, 회색 빛의

실전 영작 분석 : 실전 영작에서 써 본 문장들을 어순 연습을 통해 다시 한 번 정리해 보세요.

- 지시대명사 + 동사
- 지시형용사 + 명사

❶ 봐! + 이 사진을
Look at this picture! → '사진'이라는 단수명사를 수식하는 지시형용사 this를 사용하세요.

❷ 나는 + 찍었다 + 이 사진을 + 어제
I took this photo yesterday. → '어제'라는 시점이 명시되어 있으니, 과거시제로 표현하면 됩니다. '사진을 찍다'는 take a photo라고 표현해요. '사진'은 picture와 photo 둘 다 가능합니다. 참고로 photo의 복수형은 '-o'로 끝나지만, photos로 표현해요.

❸ 이것은 + 멋진 사진이다
This is a nice picture. → 이 문장에서는 지시대명사를 사용하면 돼요. 사진 한 장이니 this를 쓰면 되겠네요.

❹ 첫 눈이 + 왔다 + 어제
The first snow came yesterday. → '눈이 오다'도 '오다'라는 뜻인 come으로 나타낼 수 있어요. 역시나 시점이 명시되어 있으니, 과거시제로 표현합니다.

❺ 이 사람은 + 쓰고 있다 + 우산을
this person is wearing an umbrella. → '이 사람'에서 사용된 this는 뒤에 오는 명사(person)을 꾸며 주는 지시형용사네요. 우산을 쓰고 있을 때에는 wear과 use를 둘 다 쓸 수 있어요.

❻ 저 차들은 + 보인다 + 바빠
Those cars look busy. → 멀리 있는 여러 대의 자동차들을 가리키네요. 지시형용사 those를 쓰면 됩니다. 감각동사 look(~해 보인다)은 형용사를 취합니다.

❼ 너는 + 볼 수 있니? + 저 건물들을
can you see those buildings? → 역시나 멀리 있는 여러 개의 건물들을 말하고 있어요. 지시형용사 those를 씁니다.

❽ 저것들은 + 보인다 + 삭막해
those look gray. → 2형식 감각동사가 또 등장했어요. gray는 '회색'이란 뜻도 있지만 '삭막한'이란 뜻도 있어요.

한 단계 업그레이드!

문단 속에서 영작을 해 볼 차례입니다. 우리말을 영어로 바꿔 쓰면서 실력을 한 단계 더 업그레이드 해 보세요!

Hi, how's it going?

Are you having a lovely time there?

I am really good here. Do you miss me?

If so, ❶ _____!
　　　↳ 이 사진을 보렴

❷ _____. I went there with
　↳ 이건 이태원에 있는 유명한 식당이야

my mother and sister.

❸ _____! They were really
　↳ 이 꽃들을 봐

pretty. ❹ _____?
　　　　　↳ 테이블에 있는 저 사람들이 보이니

You can't see my face well. I meant it! Anyway, see you soon!

문장 확인!

안녕, 잘 지내? 거기에서 멋진 시간 보내고 있니?

나는 여기에서 정말 좋아. 내가 그립지? 만약 그렇다면, 이 사진을 보렴!

이건 이태원에 있는 유명한 식당이야. 나는 엄마랑 언니와 함께 거기에 갔어.

이 꽃들을 봐! 그것들은 정말 예뻤어. 테이블에 있는 저 사람들이 보이니?

너는 내 얼굴을 잘 볼 수 없을 거야. 일부러 그랬지!

암튼, 곧 보자!

Hint

look at ~을 보다　　**famous** 유명한

172

Unit 21

수량형용사 some, any

:

Emma doesn't like any rude people.
엠마는 어떠한 무례한 사람들도 좋아하지 않는다.

영작 시크릿 노트 :
영작비법과 그에 해당하는 예문을 통해 말하기와 영작에 꼭 필요한 핵심 비법을 익혀 보세요.

영작비법 41 수량형용사 some

some(평서문/권유문) + 셀 수 있는 복수 명사/셀 수 없는 명사

some	몇몇 / 조금	셀 수 있는 복수 명사 (books, cookies, questions, problems)
		셀 수 없는 명사 (caffeine, coffee, money, time)

❶ 평서문 - some + 셀 수 있는 복수 명사/셀 수 없는 명사

I bought some cookbooks. 나는 요리책 몇 권을 샀어.
We need some caffeine. 우리는 카페인이 좀 필요해.
Emma drank some water. 엠마는 물을 좀 마셨다.
I want some earrings. 나는 귀걸이 몇 개를 원해.

> **Point 1** 평서문에서 정확하지 않은 '수' 또는 '양'을 표현할 때 some을 씁니다.
> **Point 2** 하나 이상을 의미하기 때문에 뒤에 오는 셀 수 있는 명사는 복수 명사로 써요.

❷ 권유문 - some + 셀 수 있는 복수 명사/셀 수 없는 명사

Do you want some cookies? 쿠키 좀 먹을래?
Do you want some coffee? 커피 좀 마실래?
Would you like some cake? 케이크 좀 먹을래?
Would you like some pizza? 피자 좀 먹을래?

> **Point 1** 권유하는 의문문에서 수나 양을 나타낼 때 some을 써요.
> **Point 2** 그냥 의문문이 아니라 권유한다는 점을 기억해야 해요.

영작비법 42   수량형용사 any

any(부정문/의문문) + 셀 수 있는 복수 명사/셀 수 없는 명사

any	어떤 / 조금	셀 수 있는 복수 명사 (books, cookies, questions, problems)
		셀 수 없는 명사 (caffeine, coffee, money, time)

❶ 부정문 - any + 셀 수 있는 복수 명사/셀 수 없는 명사

I don't have **any** money. 난 돈이 조금도 없어.
She doesn't have **any** questions. 그녀는 어떠한 질문도 없어.
Emma doesn't need **any** help. 엠마는 어떠한 도움도 필요하지 않다.
I don't like **any** sweets. 나는 단 것이라면 어떠한 것도 좋아하지 않는다.

> **Point 1** 문장 속에 not과 같은 부정의 의미가 있으면 any를 써요.
> **Point 2** 역시나 셀 수 있는 명사가 올 때는 복수 명사로 씁니다.

❷ 의문문 - any + 셀 수 있는 복수 명사/셀 수 없는 명사

Do you have **any** time? 시간 좀 있어?
Do you have **any** problems? 무슨 문제 있어?
Does Emma know **any** idol groups? 엠마는 아이돌 그룹을 좀 아니?
Did you see **any** envelopes on the desk? 책상 위에 있던 봉투들을 좀 봤니?

> **Point 1** 평범한 의문문에서도 any를 사용해요. 두 번째 예문은 직역하면 '넌 어떠한 문제를 가지고 있니?'가 됩니다. 이 문장을 의역하면 '무슨 문제 있어?' 정도가 적당하겠죠?
> **Point 2** 셀 수 있는 명사는 역시나 복수 명사로 표현하면 됩니다.

Unit 21 수량형용사 some, any   **175**

워밍업 순간영작

영작비법에서 배운 어순에 맞춰 빈칸에 알맞은 말을 넣어, 문장을 완성해 보세요.

❶ You need _____ make-up.

너 화장 좀 해야겠다.

❷ We don't have _____ overlap.

우리는 어떠한 공통점도 없어.

❸ Do you have _____ plans?

무슨 계획 좀 있니?

❹ _____ guys are wooing me.

몇몇 남자들이 나한테 작업을 걸고 있어.

❺ Do you have _____ disposable bandages?

일회용 반창고 좀 있어?

❻ This plate has _____ chips.

이 접시는 이가 좀 나갔어.

❼ Emma taught us _____ useful expressions.

엠마는 우리에게 몇 가지 유용한 표현들을 가르쳐 주었다.

❽ Did Joe send you _____ information?

조가 너에게 정보를 좀 보내 줬니?

❾ I want to have _____ headbands.

나는 머리띠 몇 개를 갖고 싶어.

❿ Erin doesn't have _____ friends.

에린은 어떠한 친구들도 없어.

Vocabulary

need 필요하다 make-up 화장 overlap 공통점 woo 구애하다
disposable bandage 일회용 반창고 plate 접시 chip 이가 나간 상태 useful 유용한
expression 표현 send 보내다 information 정보 headband 머리띠

어순 순간영작 :
같은 문장이라도 쉽다고 생각하지 말고, 어순에 맞게 순간 영작이 되도록 연습해 보세요. 7개 이상 맞혔다면, 영작 왕초보 탈출!

❶ _____ + _____ + _____
    너는   필요하다   약간의 화장이

❷ _____ + _____ + _____
    우리는   없어   어떠한 공통점도

❸ _____ + _____ + _____ + _____
                    너는   있니?   어떠한 계획들이

❹ _____ + _____ + _____
    몇몇 남자들이   작업을 걸고 있어   나한테

❺ _____ + _____ + _____ + _____
                    너는   있어?   어떠한 일회용 반창고들이

❻ _____ + _____ + _____
    이 접시는   가지고 있다   약간의 이가 나간 상태를

❼ _____ + _____ + _____ + _____
    엠마는   가르쳐 주었다   우리에게   몇 가지 유용한 표현들을

❽ _____ + _____ + _____ + _____ + _____
    조가   보내 줬니?   너에게   어떠한 정보를

❾ _____ + _____ + _____
    나는   갖고 싶어   몇 개의 머리띠를

❿ _____ + _____ + _____
    에린은   없어   어떠한 친구들도

Unit 21 수량형용사 some, any **177**

생활 속 실전 영작 :

생활밀착형 문장들을 직접 영작해 보세요.
단어를 모를 때는 아래의 Hint를 참고합니다.

엄마, ❶ 나 지금 마켓이야.
Mommy, _____

그럼, ❷ 빵이랑 스낵 좀 사와.
Then, _____

응, ❸ 과일은 필요하지 않아?
OK, _____
❹ 레몬 좀 사고 싶은데.
_____

기다려 봐! ❺ 레몬은 좀 있어.
Wait! _____
❻ 레몬 살 필요 없어.
_____

Hint

market 마켓　**snack** 스낵　**fruit** 과일　**lemon** 레몬　**don't need to** 동사원형 ~할 필요가 없다

> **실전 영작 분석:** 실전 영작에서 써 본 문장들을 어순 연습을 통해 다시 한 번 정리해 보세요.

- some(평서문/권유문) + 셀 수 있는 복수 명사, 셀 수 없는 명사
- any(부정문/의문문) + 셀 수 있는 복수 명사, 셀 수 없는 명사

❶ 나는 + 있다 + 마켓에
I am at the market now. → 'be동사 + 전치사구' 구문으로, '있다'라는 의미의 be동사를 씁니다.

❷ 사와 + 나에게 + 약간의 빵과 스낵을
please buy me some bread and snacks. → 빵은 셀 수 없지만 스낵은 셀 수 있어요. 그래서 snack만 복수 형태로 쓰였어요.

❸ 너는 + 필요하니? + 약간의 과일이
do you need any fruit? → 의문문이기 때문에 any를 써 줘야 하겠죠?

❹ 나는 + 사고 싶다 + 약간의 레몬을
I want to buy some lemons. → 'want to 동사원형(~하고 싶다)'를 사용해 주세요. 평서문이니 some을 쓰면 됩니다. 또한 레몬은 셀 수 있는 명사이니, 복수 형태로 쓰는 것 잊지 마세요.

❺ 나는 + 가지고 있다 + 약간의 레몬을
I have some lemons. → 역시나 평서문이니 some을 쓰면 되겠죠?

❻ 너는 + 살 필요가 없다 + 어떠한 레몬도
You don't need to buy any lemons. → 'don't need to 동사원형(~할 필요가 없다)'를 적용해 주세요. 부정문이니까 any를 쓰면 돼요.

한 단계 업그레이드!

문단 속에서 영작을 해 볼 차례입니다. 우리말을 영어로 바꿔 쓰면서 실력을 한 단계 더 업그레이드 해 보세요!

How is your vacation? ❶ _____?
　　↳ 좀 쉬고 있니

When you get back to Seoul, ❷ _____
　　　　　　　　　　　　↳ 나에게 코코넛 오일과 페이스 크림 좀 사다 줘

_____. And ❸ _____,
　　　　　　↳ 나는 현지 음식을 좀 먹어 보고 싶어

but please remember ❹ _____.
　　　　　　　　　　↳ 난 어떠한 단 것도 좋아하지 않아

Anyway, ❺ _____ to google any
　　　　↳ 시간이 좀 있니

information for our project?

I sent you an email about the project, so please check it if

possible. Have fun!

✔ 문장 확인!

네 휴가는 어때? 좀 쉬고 있니?
네가 서울로 돌아올 때, 나에게 코코넛 오일과 페이스 크림 좀 사다 줘. 그리고 나는 현지 음식을 좀 먹어 보고 싶어, 그렇지만 난 어떠한 단 것도 좋아하지 않는다는 걸 기억해 줘.
아무튼, 우리의 프로젝트를 위한 어떤 정보를 검색할 시간이 좀 있니?
나는 너에게 그 프로젝트에 대한 이메일을 하나 보냈어, 그러니 가능하다면 확인해 봐.
즐거운 시간 보내고!

Hint

get rest 쉬다　**buy** 사람 + 사물 사람에게 사물을 사 주다　**coconut oil** 코코넛 오일　**facial cream** 페이스 크림
try 시도해 보다, 먹어 보다　**local food** 현지 음식　**sweets** 단 것

Unit 22

수량형용사 many, much, a lot of

Emma has a lot of tips on English.
엠마는 영어에 대한 많은 조언들을 가지고 있어요.

> **영작 시크릿 노트 :** 영작비법과 그에 해당하는 예문을 통해 말하기와 영작에 꼭 필요한 핵심 비법을 익혀 보세요.

영작비법 43 수량형용사 many/much

many + 셀 수 있는 복수 명사
much + 셀 수 없는 명사

❶ many + 셀 수 있는 복수 명사

Many people are at the bus stop. 많은 사람들이 버스 정류장에 있다.
Emma has **many** books. 엠마는 많은 책들이 있다.
Many cities in the world are crowded. 세상에 있는 많은 도시들은 혼잡하다.
Gaia knows **many** students. 가이아는 많은 학생들을 안다.

> **Point 1** many(많은) 뒤에는 셀 수 있는 복수 명사가 와요.
> **Point 2** 세 번째 문장의 crowded는 '혼잡한, 번잡한'이란 뜻의 형용사랍니다.

❷ much + 셀 수 없는 명사

Does the mountain have **much** snow? 그 산에 많은 눈이 있니?
Emma doesn't have **much** time. 엠마는 많은 시간이 없다.
Much water wasn't in the river. 많은 물이 그 강에 있지 않았다.
Did the beach have **much** sand? 그 해변에 많은 모래가 있었니?

> **Point 1** much는 many와 똑같이 '많은'이라는 뜻이지만 much 뒤에는 셀 수 없는 명사만 와야 합니다.
> **Point 2** 주로 부정문이나 의문문에서 많이 사용됩니다.

> **영작비법 44** 수량형용사 a lot of

a lot of + 셀 수 있는 복수 명사 / 셀 수 없는 명사

❶ a lot of + 셀 수 있는 복수 명사

A lot of people are at the bus stop. 많은 사람들이 버스 정류장에 있다.
Emma has **a lot of** books. 엠마는 많은 책들이 있다.
A lot of cities in the world are crowded. 세상에 있는 많은 도시들은 혼잡하다.
Gaia knows **a lot of** students. 가이아는 많은 학생들을 안다.

> **Point 1** a lot of(많은)는 자유로운 수량형용사에요.
> **Point 2** many를 대신하여 '셀 수 있는 복수 명사'와 사용할 수 있어요.

❷ a lot of + 셀 수 없는 명사

The mountain has **a lot of** snow. 그 산에는 많은 눈이 있다.
Emma has **a lot of** time. 엠마는 많은 시간이 있다.
A lot of water was in the river. 많은 물이 그 강에 있었다.
The beach had **a lot of** sand. 그 해변에는 많은 모래가 있었다.

> **Point 1** a lot of(많은)는 셀 수 없는 명사와도 쓸 수 있어요.
> **Point 2** much가 부정문이나 의문문에서 주로 사용이 되기 때문에, 평서문에서는 a lot of를 쓰면 됩니다.

워밍업 순간영작 :
영작비법에서 배운 어순에 맞춰 빈칸에 알맞은 말을 넣어, 문장을 완성해 보세요.

① I saw _____ Koreans in Paris.

난 파리에서 많은 한국인들을 보았어.

② Spain has _____ tomatoes.

스페인에는 토마토가 많아.

③ Seattle has _____ rain.

시애틀에는 비가 많이 내려.

④ London has _____ fog.

런던은 안개가 많이 껴.

⑤ Korea has _____ mountains.

한국은 산이 많아.

⑥ Russia has _____ bears.

러시아엔 곰이 많아.

⑦ My grandma tells me _____ old stories.

나의 할머니는 나에게 많은 옛날 이야기를 해 주셔.

⑧ We always have _____ homework.

우리는 항상 많은 숙제가 있어.

⑨ Emma has _____ dresses.

엠마는 많은 드레스가 있어.

⑩ Erin knows _____ nice restaurants.

에린은 많은 좋은 식당을 알아.

Vocabulary

rain 비 fog 안개 mountain 산 tell 말해주다 old story 옛날 이야기 homework 숙제
nice 좋은, 멋진 restaurant 식당

어순 순간영작

같은 문장이라도 쉽다고 생각하지 말고, 어순에 맞게 순간 영작이 되도록 연습해 보세요. 7개 이상 맞혔다면, 영작 왕초보 탈출!

❶ _____ + _____ + _____ + _____ + _____
  나는   보았어   많은   한국인들을   파리에서

❷ _____ + _____ + _____ + _____
  스페인에는   있어   많은   토마토가

❸ _____ + _____ + _____ + _____
  시애틀에는   내려(있어)   많은   비가

❹ _____ + _____ + _____ + _____
  런던은   껴(있어)   많은   안개가

❺ _____ + _____ + _____ + _____
  한국은   있어   많은   산이

❻ _____ + _____ + _____ + _____
  러시아는   있어   많은   곰이

❼ _____ + _____ + _____ + _____ + _____
  나의 할머니는 말해 주셔   나에게   많은   옛날 이야기를

❽ _____ + _____ + _____ + _____ + _____
  우리는   항상   있어   많은   숙제가

❾ _____ + _____ + _____ + _____
  엠마는   있어   많은   드레스가

❿ _____ + _____ + _____ + _____
  에린은   알아   많은   좋은 식당을

Unit 22 수량형용사 many, much, a lot of

생활 속 실전 영작 :
생활밀착형 문장들을 직접 영작해 보세요.
단어를 모를 때는 아래의 Hint를 참고합니다.

 MP3_22

❶ 미팅 끝났어?
_____

거의…
Almost…

❷ 너 나랑 점심 먹을 거야?
_____

미안, ❸ 나 요즘 프로젝트 준비하고 있어.
Sorry, _____
그래서 ❹ 일이 많아.
So _____

그럼, ❺ 자료 많이 모아야겠다.
Then, _____

응, 근데 ❻ 시간이 많지 않아.
Yeah, but _____

Hint --

finish 끝내다　　meeting 미팅, 회의　　prepare 준비하다　　these days 요즘
need to 동사원형 ~할 필요가 있다　　collect 모으다　　material 자료, 재료

실전 영작 분석 : 실전 영작에서 써 본 문장들을 어순 연습을 통해 다시 한 번 정리해 보세요.

- many + 셀 수 있는 복수 명사
- much + 셀 수 없는 명사
- a lot of + 셀 수 있는 복수 명사/셀 수 없는 명사

❶ 너는 + 끝냈니? + 그 미팅을
Did you finish the meeting? → 일반동사를 사용한 의문문입니다. 'do'를 써야겠죠? 과거 시제이니 did로 쓰는 것 잊지 마세요.

❷ 너는 + 먹을 거니? + 점심을 + 나와
Will you have lunch with me? → 미래를 나타내고 있으니 조동사 will을 쓰면 돼요. will 뒤에는 동사원형이 옵니다.

❸ 나는 + 준비하고 있다 + 프로젝트 하나를 + 요즘
I am preparing a project these days. → 준비하고 있는 중이니 '현재진행형(be + -ing)'을 쓰면 됩니다. '프로젝트 하나'는 a project라고 하면 돼요.

❹ 나는 + 가지고 있다 + 많은 일을
I have a lot of work. → work(일)은 셀 수 없는 명사예요. much 또는 a lot of를 쓰면 되는데, 평서문이니 a lot of를 쓰는 게 좋겠어요.

❺ 너는 + 필요가 있다 + 모을 + 많은 자료를
you need to collect many(a lot of) materials. → 'need to 동사원형(~할 필요가 있다)'를 써 주세요. '~해야겠다'라고 해석해도 됩니다. material(자료, 재료)은 셀 수 있는 명사라서 many 또는 a lot of를 모두 쓸 수 있답니다.

❻ 나는 + 갖고 있지 않다 + 많은 시간을
I don't have much time. → time(시간)은 셀 수 없는 명사입니다. 부정문이니 much를 씁니다.

한 단계 업그레이드!

문단 속에서 영작을 해 볼 차례입니다. 우리말을 영어로 바꿔 쓰면서 실력을 한 단계 더 업그레이드 해 보세요!

I didn't have any free time because ❶ _____

_____.
↳ 나는 많은 큰 프로젝트 관련 일을 하고 있었다

Because I finished them, ❷ _____.
↳ 나는 요즘 일이 많지 않다

So, ❸ _____.
↳ 나에겐 많은 여가 시간이 있다

I can chat with my friends and colleagues,

and ❹ _____.
↳ 나는 많은 예술 전시회에 그들과 함께 갈 수 있다

Before this happy time ends, ❺ _____
↳ 나는 많은 영화들을 볼 것이다

_____ I like, and ❻ _____
↳ 나는 많은 책을 읽을 것이다

_____.

문장 확인!

나는 많은 큰 프로젝트 관련 일을 하고 있었기에 어떠한 자유시간도 없었다.
그것들을 끝냈기 때문에, 나는 요즘 일이 많지 않다. 그래서, 나에겐 많은 여가 시간이 있다.
나는 내 친구들과 동료들과 수다를 떨 수 있고, 그리고 나는 많은 예술 전시회에 그들과 함께 갈 수 있다.
이 행복한 시간이 끝나기 전에, 나는 내가 좋아하는 많은 영화를 볼 것이고, 그리고 나는 많은 책을 읽을 것이다.

Hint

work on ~관련 일을 하다   work 일   free time 여가 시간   art exhibition 예술 전시회

Unit 23

인칭대명사 / 사람, 사물의 소유

:

Emma is your bridge to English.
엠마는 당신을 영어로 이끌어 줘요.

영작 시크릿 노트 : 영작비법과 그에 해당하는 예문을 통해 말하기와 영작에 꼭 필요한 핵심 비법을 익혀 보세요.

영작비법 45 — 인칭대명사

인칭대명사(주격/목적격/소유격)

❶ 주격과 목적격

We love **you**. 우리는 너를 사랑한다.
He likes **her**. 그는 그녀를 좋아한다.
I hate **them**. 나는 그들을(그것들을) 싫어한다.
She didn't see **it**. 그녀는 그것을 보지 않았다.

> **Point 1** 주어 자리에는 주격을 써야 해요. 주로 '~은/는/이/가'로 해석됩니다. 주격 인칭대명사에는 I(나는), You(너는, 너희들은), He(그는), She(그녀는), They(그들은, 그것들은), It(그것은), We(우리는)가 있습니다.
>
> **Point 2** 목적어 자리에는 목적격을 써야 해요. 주로 '~을/를'로 해석됩니다. 목적격 인칭대명사에는 me(나를), you(너를, 너희들을), him(그를), her(그녀를), them(그들을, 그것들을), it(그것을), us(우리를)가 있습니다.

❷ 소유격

It is **my** book. 그것은 나의 책이다.
She is **our** teacher. 그녀는 우리의 선생님이다.
They are **your** flowers. 그것들은 너의 꽃들이다.
He is **her** boyfriend. 그는 그녀의 남친이다.

> **Point 1** '소유격(~의)'은 뒤에 항상 명사가 와요. 소유격에는 my(나의), your(너의, 너희들의), his(그의), her(그녀의), their(그들의, 그것들의), its(그것의), our(우리의)가 있습니다.
>
> **Point 2** 소유격을 쓸 때 '관사(a/an/the)' 걱정은 안 해도 됩니다. 소유격과 관사는 함께 쓸 수 없기 때문이에요.

영작비법 46 ─ 사람, 사물의 소유관계

사람의 소유관계 : 's
사물의 소유관계 : of

❶ 사람의 소유관계

It is **Emma's** bag. 그건 엠마의 가방이다.
It is **my friend's** book. 그건 내 친구의 책이다.
This is **my parents'** house. 여긴 내 부모님의 집이다.
Elisa's coffee is hot. 엘리사의 커피는 뜨겁다.

> **Point 1** 사람의 소유관계는 's로 표현하고, '~의'라고 해석해요.
> **Point 2** my parents처럼 단어의 마지막 철자가 s로 끝날 때는 '만 찍어 주면 돼요.

❷ 사물의 소유관계

I know the title **of** the book. 나는 그 책의 제목을 안다.
Do you know the name **of** the street? 그 거리의 이름을 아니?
The main character **of** the movie was attractive. 그 영화의 주인공은 매력적이었다.
The last scene **of** the movie was impressive. 그 영화의 마지막 장면은 인상적이었다.

> **Point 1** 사물의 소유관계는 전치사 of로 연결합니다.
> **Point 2** of를 기준으로 뒤에 있는 명사부터 해석해야 해요. 소유관계이므로 사람의 소유관계인 's와 동일하게 '~의'로 해석됩니다.

워밍업 순간영작 : 영작비법에서 배운 어순에 맞춰 빈칸에 알맞은 말을 넣어, 문장을 완성해 보세요.

❶ _____ necklace is a choker.
그녀의 목걸이는 초커야.

❷ _____ was _____ gift.
그건 남친의 선물이었어.

❸ _____ broke up last Christmas.
그들은 작년 크리스마스에 헤어졌어.

❹ _____ was _____ first love.
그녀는 그의 첫 사랑이었어.

❺ _____ name was Emma.
그녀의 이름은 엠마였지.

❻ _____ dumped _____.
그녀는 그를 차버렸어.

❼ _____ was in the living room _____ _____ house.
나는 그녀의 집의 거실에 있었다.

❽ _____ toys are old.
그 아이들의 장난감은 오래됐어.

❾ _____ like the color _____ the table.
나는 그 식탁의 색이 맘에 들어.

❿ _____ was playing with _____ little brother.
그는 그의 남동생과 놀고 있었어.

Vocabulary
choker 초커(목에 딱 맞는 여성 목걸이의 한 종류)　**gift** 선물　**break up** 헤어지다
first love 첫 사랑　**dump** 버리다　**living room** 거실　**house** 집　**children** 아이들
toy 장난감　**old** 오래된　**color** 색깔　**table** 식탁　**play** 놀다　**little brother** 남동생

어순 순간영작 : 같은 문장이라도 쉽다고 생각하지 말고, 어순에 맞게 순간 영작이 되도록 연습해 보세요. 7개 이상 맞혔다면, 영작 왕초보 탈출!

❶ _____ + _____ + _____
그녀의 목걸이는 　　　　　　 초커야

❷ _____ + _____ + _____
그건 　　　　　　 내 남친의 선물이었어

❸ _____ + _____ + _____
그들은 　　　 헤어졌어 　　　 작년 크리스마스에

❹ _____ + _____ + _____
그녀는 　　　　　　 그의 첫 사랑이었어

❺ _____ + _____ + _____
그녀의 이름은 　　　　　　 엠마였지

❻ _____ + _____ + _____
그녀는 　　　 차버렸어 　　　 그를

❼ _____ + _____ + _____
나는 　　　 있었다 　　　 그녀의 집의 거실에

❽ _____ + _____ + _____
그 아이들의 장난감은 　　　　　　 오래됐어

❾ _____ + _____ + _____
나는 　　　 맘에 들어 　　　 그 식탁의 색이

❿ _____ + _____ + _____
그는 　　　 놀고 있었어 　　　 그의 남동생과

Unit 23 인칭대명사 / 사람, 사물의 소유

생활 속 실전 영작 :

생활밀착형 문장들을 직접 영작해 보세요.
단어를 모를 때는 아래의 Hint를 참고합니다.

MP3_23

Emma Song
4월 10일 오후 1:30

❶ 얘가 내 조카야.

❷ 그녀는 9살이지.

❸ 그녀는 두 개의 인형을 들고 있어.

❹ 그것들은 그녀의 베프야.

❺ 그녀는 그것들을 정말로 좋아해.

❻ 그녀가 제일 좋아하는 색깔은 빨간색이야.

❼ 그녀는 빨간색 점퍼를 입고 있어.

Hint

niece 조카   hold 들다   doll 인형   favorite 가장 좋아하는   wear 입다   jumper 점퍼

실전 영작 분석 : 실전 영작에서 써 본 문장들을 어순 연습을 통해 다시 한 번 정리해 보세요.

- 인칭대명사(주격/목적격/소유격)
- 사람, 사물의 소유 관계 : 's, of

① 얘는 + 나의 조카이다

<u>This is my niece.</u> → 가까이에 있는 한 명을 가리키고 있어요. 지시대명사 this를 써 주세요. '소유격 + 명사'인 my niece도 놓치지 마세요.

② 그녀는 + 9살이다

<u>She is 9 years old.</u> → be동사를 써서 나이를 표현해 주세요. years old는 생략해도 됩니다.

③ 그녀는 + 들고 있다 + 두 개의 인형을

<u>She is holding two dolls.</u> → 들고 있는 모습을 보여 주고 있으니 현재진행형(be + -ing)으로 표현합니다. 인형은 두 개라고 명시되어 있으니 복수 명사로 표현해야 합니다.

④ 그것들은 + 그녀의 베스트 프렌드이다

<u>They are her best friends.</u> → 인형들을 they(그들은, 그것들은)로 대신 쓸 수 있어요. 수를 맞춰야 하니 friends, 복수 명사로 마무리하면 됩니다.

⑤ 그녀는 + 정말로 + 좋아한다 + 그것들을

<u>She really likes them.</u> → 주격(she)과 목적격(them)이 모두 등장합니다. 각각의 대명사가 어떤 대상을 나타내고 있는지도 문맥을 통해 잡아 줘야 해요. 조카는 she로, 인형들은 them으로 쓰면 됩니다.

⑥ 그녀가 제일 좋아하는 색깔은 + 빨간색이다

<u>Her favorite color is red.</u> → favorite(제일 좋아하는)은 소유격과 잘 어울리는 형용사입니다. 우리말 해석과는 잘 매치되지 않지만, '그녀가 제일 좋아하는'은 her favorite이라고 표현하면 돼요.

⑦ 그녀는 + 입고 있다 + 빨간 점퍼를

<u>She is wearing a red jumper.</u> → 사진 속 모습을 설명하고 있으니 현재진행형(be + -ing)을 써서 나타낼 수 있습니다.

한 단계 업그레이드!

문단 속에서 영작을 해 볼 차례입니다. 우리말을 영어로 바꿔 쓰면서 실력을 한 단계 더 업그레이드 해 보세요!

❶ _____.
  ↳ 엠마는 디즈니의 애니메이션을 좋아해요

She thinks ❷ _____.
  ↳ 그것의 영화들은 감동적이고, 아름답고 교훈적이에요

❸ _____.
  ↳ 그 영화들의 그 캐릭터들은 귀엽고 익살스러워요

❹ _____.
  ↳ 그녀는 그 캐릭터들의 재치 있는 대사들이 맘에 들어요

At the beginning of the movies, ❺ _____
  ↳ 그들의 삶은 고되죠

_____. But in the latter half,

❻ _____.
  ↳ 그들은 그들의 역경을 극복해요

문장 확인!

엠마는 디즈니의 애니메이션을 좋아해요.
그녀 생각에 그것의 영화들은 감동적이고, 아름답고 교훈적이에요.
그 영화들의 캐릭터들은 귀엽고 익살스러워요.
그녀는 캐릭터들의 재치 있는 대사들이 맘에 들어요.
영화의 초반부에, 그들의 삶은 고되죠.
그러나 후반부에, 그들은 역경을 극복해요.

Hint

Disney's animation 디즈니의 애니메이션 (나라나 유명 기업의 경우, 소유 관계를 's로 나타낼 수 있어요)
touching 감동적인   moral 교훈적인, 도덕적인   cute 귀여운   humorous 익살스러운   witty 재치 있는
lines 대사   lives 삶   hard 고된   overcome 극복하다   hardship 역경

Unit 24
시간을 나타내는 전치사 at, on, in

Emma usually studies in the morning.
엠마는 주로 아침에 공부해요.

> **영작 시크릿 노트 :** 영작비법과 그에 해당하는 예문을 통해 말하기와 영작에 꼭 필요한 핵심 비법을 익혀 보세요.

영작비법 47 ▸ 시간을 나타내는 전치사 at, on

at + 정확한 시간, 때
on + 요일, 날짜, 특정한 날

---

❶ **at + 정확한 시간, 때**

I got up **at 7**. 나는 7시에 일어났다.
I had lunch **at noon**. 나는 정오에 점심을 먹었다.
I will sit next to him **at dinner**. 나는 저녁 식사 때에 그 옆에 앉을 것이다.
I will hang out with my friends **at night**. 나는 밤에 내 친구들과 놀러 나갈 것이다.

> **Point 1** 전치사 뒤에는 명사가 옵니다.
> **Point 2** 전치사 at은 정확한 시간이나 때를 나타낼 때 사용해요.

❷ **on + 요일, 날짜, 특정한 날**

Searee is usually at home **on Sunday**. 새리는 주로 일요일에는 집에 있다.
My new semester begins **on March 3rd**. 나의 새 학기는 3월 3일에 시작한다.
She had a party **on her birthday**. 그녀는 그녀 생일에 파티를 열었다.
Emma had a date with her boyfriend **on Christmas day**.
엠마는 그녀 남자친구와 크리스마스에 데이트했다.

> **Point 1** 전치사 on은 at보다는 긴 시간을 표현할 때 사용해요.
> **Point 2** 요일이나 날짜 또는 특별한 날을 표현할 때 사용됩니다.

영작비법 48   시간을 나타내는 전치사 in

in + 아침, 오후, 저녁, 월, 년도, 계절

❶ **in** + 아침, 오후, 저녁, 월, 년도, 계절

It is chilly **in the evening**. 저녁에는 쌀쌀하다.
We have some family events **in May**. 우리는 5월에 가족 행사가 좀 있다.
I will get married **in 2018**. 나는 2018년에 결혼할 것이다.
It rains a lot **in summer**. 여름에는 비가 많이 온다.

Emma is half asleep **in the morning**. 엠마는 아침에 비몽사몽이다.
My birthday falls **in June**. 내 생일은 6월이다.
Erin moved to Seoul **in 2000**. 에린은 2000년도에 서울로 이사했다.
Many people catch colds **in winter**. 많은 사람들이 겨울에 감기에 걸린다.

> **Point 1** 전치사 in은 at과 on보다 더 긴 시간을 표현할 때 사용해요.
> **Point 2** 주로 월이나 년도, 계절을 표현할 때 사용됩니다.
> **Point 3** half asleep은 '비몽사몽인, 잠이 덜 깬'이란 뜻이고 catch a cold는 '감기에 걸리다'라는 뜻입니다. 여기선 많은 사람들이 등장하니 colds라는 복수 명사로 쓰면 돼요.
> **Point 4** 여섯 번째 문장의 경우, '내 생일은 몇 월이야', '내 생일은 무슨 요일이야' 등을 표현할 때 fall(떨어지다)이란 동사를 많이 써요.

워밍업 순간영작

영작비법에서 배운 어순에 맞춰 빈칸에 알맞은 말을 넣어, 문장을 완성해 보세요.

❶ I broke up _____ Christmas Eve.
　난 크리스마스 이브에 헤어졌어.

❷ My sister got married _____ 2005.
　나의 언니는 2005년도에 결혼했어.

❸ The special event begins _____ noon.
　그 특별 이벤트는 정오에 시작해.

❹ I don't eat sweets _____ night.
　난 밤에는 단 거 안 먹어.

❺ My friend looked happy _____ her wedding day.
　내 친구는 결혼식 날에 행복해 보였어.

❻ Bears hibernate _____ winter.
　곰들은 겨울에 겨울잠을 자.

❼ This semester starts _____ March.
　이번 학기는 3월에 시작해.

❽ I will throw a party _____ my birthday.
　나는 내 생일에 파티를 열 거야.

❾ Emma's class begins _____ 7 p.m.
　엠마의 수업은 저녁 7시에 시작해요.

❿ We always wear gloves _____ winter.
　우리는 겨울에는 늘 장갑을 껴.

Vocabulary
break up 헤어지다　get married 결혼을 하다　special 특별한　event 이벤트, 행사
begin 시작하다　sweets 단 것　wedding day 결혼식　hibernate 겨울잠을 자다
semester 학기　start 시작하다　throw a party 파티를 열다　class 수업　gloves 장갑

어순 순간영작 :
같은 문장이라도 쉽다고 생각하지 말고, 어순에 맞게 순간 영작이 되도록 연습해 보세요. 7개 이상 맞혔다면, 영작 왕초보 탈출!

❶ _____ + _____ + _____
　　　난　　　　　　　헤어졌어　　　　　크리스마스 이브에

❷ _____ + _____ + _____
　　나의 언니는　　　　　결혼했어　　　　　2005년도에

❸ _____ + _____ + _____
　그 특별한 이벤트는　　　　시작해　　　　　　정오에

❹ _____ + _____ + _____ + _____
　　난　　　　안 먹어　　　단 것을　　　　밤에

❺ _____ + _____ + _____
　　내 친구는　　　　　행복해 보였어　　　그녀의 결혼식 날에

❻ _____ + _____ + _____
　　곰들은　　　　　　겨울잠을 잔다　　　　겨울에

❼ _____ + _____ + _____
　이번 학기는　　　　　시작해　　　　　　3월에

❽ _____ + _____ + _____ + _____
　나는　　　　열 거야　　　파티를　　　내 생일에

❾ _____ + _____ + _____
　엠마의 수업은　　　　시작해요　　　　저녁 7시에

❿ _____ + _____ + _____ + _____ + _____
　우리는　　　늘　　　　낀다　　　장갑을　　　겨울에

생활 속 실전 영작 :

생활밀착형 문장들을 직접 영작해 보세요.
단어를 모를 때는 아래의 Hint를 참고합니다.

MP3_24

❶ 나 뮤지컬 티켓 2장 당첨됐어!!
_____

❷ 나랑 같이 갈래?
_____

당연하지, ❸ 나 뮤지컬 진짜 좋아해.
Of course, _____

❹ 그거 5월 7일 토요일 저녁 7시에 해.
_____

❺ 재미있을 거야.
_____

고마워!!
Thank you!!

Hint

win 따다, 당첨이 되다   musical 뮤지컬   fun 재미 있는

실전 영작 분석:
실전 영작에서 써 본 문장들을 어순 연습을 통해 다시 한 번 정리해 보세요.

- at + 정확한 시간, 때
- on + 요일, 날짜, 특정한 날
- in + 아침, 오후, 저녁, 월, 년도, 계절

❶ 나는 + 당첨되었다 + 두 장의 뮤지컬 티켓에
I won two musical tickets! → win은 '이기다'뿐 아니라 '당첨이 되다'란 뜻도 있어요.

❷ 너는 + 갈 거니? + 나와
Will you go with me? → '~할래?'라고 할 때 Will you~?라는 표현을 사용할 수 있습니다.

❸ 나는 + 정말로 + 좋아한다 + 뮤지컬을
I really like musicals. → 좋아하는 대상인 '뮤지컬'은 셀 수 있는 명사이므로 복수 명사로 표현해요.

❹ 그것은 + 있다 + 5월 7일, + 토요일 + 7시에 + 저녁에
It is on May 7th, Saturday at 7 in the evening. → 월 앞에는 in, 요일 앞에는 on이죠? '몇 월 며칠'이 같이 나올 때는 on을 사용한답니다.

❺ 그것은 + 재미있을 것이다
It will be fun. → 조동사 will 뒤에 동사원형인 be를 넣어 주세요. fun(재미있는)은 형용사니까요.

한 단계 업그레이드!

문단 속에서 영작을 해 볼 차례입니다. 우리말을 영어로 바꿔 쓰면서 실력을 한 단계 더 업그레이드 해 보세요!

❶ _____. On my way to work, I got some coffee at my favorite coffee shop and I called my girlfriend. ❷ _____
↳ 나는 아침 7시에 일어났다
↳ 우리는 4월 6일에 만나는 것을 계획했다
_____ because the day is her birthday.

❸ _____.
↳ 나는 그녀의 생일에 특별한 이벤트를 준비할 것이다

❹ _____. I consulted
↳ 나는 9시에 도착했다
with a lot of clients today, and I made some contracts.

❺ _____.
↳ 나는 밤 늦게 내 일을 끝냈다

After work, ❻ _____.
↳ 나는 밤 11시에 집에 돌아왔다
Although it was a long day, I felt great.

문장 확인!

나는 아침 7시에 일어났다.
출근하는 길에, 나는 내가 제일 좋아하는 커피숍에서 커피를 좀 샀고 그리고 내 여자친구에게 전화를 걸었다. 우리는 4월 6일에 만나는 것을 계획했는데 그 날이 그녀의 생일이기 때문이다.
나는 그녀의 생일에 특별한 이벤트를 준비할 것이다. 나는 9시에 도착했다. 나는 오늘 많은 고객들과 상담을 했고, 그리고 계약을 좀 했다. 나는 밤 늦게 내 일을 끝냈다.
퇴근 후, 밤 11시에 집에 돌아왔다. 힘든 하루였지만, 뿌듯했다.

Hint

get up 일어나다   **plan to** 동사원형 ~하는 것을 계획하다   **prepare** 준비하다   **arrive** 도착하다
late 늦게   **get back home** 집에 돌아오다

Unit 25

장소를 나타내는 전치사 at, on, in

Emma is at your side.
엠마는 여러분 편입니다.

영작 시크릿 노트 : 영작비법과 그에 해당하는 예문을 통해 말하기와 영작에 꼭 필요한 핵심 비법을 익혀 보세요.

> **영작비법 49** 장소를 나타내는 전치사 at, on
>
> at + 정확하고 좁은 장소
> on + 표면, 층, 교통수단

❶ at + 정확하고 좁은 장소

Gaia was **at home** yesterday. 가이아는 어제 집에 있었다.
She is under stress **at work**. 그녀는 직장에서 스트레스를 받는다.
I met my friend **at the bus stop**. 나는 버스정류장에서 내 친구를 만났다.
Emma wasn't present **at the meeting**. 엠마는 그 회의에 참석하지 않았다.

> **Point 1** at은 하나의 '점'의 개념으로 이해하면 쉬워요. 시간도 잠깐의 시간, 장소도 좁은 장소를 나타낼 때 사용합니다.
> **Point 2** under stress는 '스트레스 받는'이란 뜻의 표현입니다.

❷ on + 표면, 층, 교통수단

Some paintings are **on the wall**. 그림 몇 점이 벽에 있다.
A mosquito was **on the ceiling**. 모기 한 마리가 천장에 있었다.
The classroom is **on the second floor**. 그 교실은 2층에 있다.
Emma was **on a bus**. 엠마는 버스에 있었다.

> **Point 1** on은 '위에 있다'는 느낌입니다.
> **Point 2** 교통수단에 적용될 때는 버스나 배, 비행기와 같은 비교적 크기가 큰 교통수단과 연결된다는 점을 기억하세요.

영작비법 50 장소를 나타내는 전치사 in

in + 넓은 범위의 지역, 공간 내부

❶ **in + 넓은 범위의 지역, 공간 내부**

Emma lives **in Seoul**. 엠마는 서울에 산다.
We are staying **in Korea**. 우린 한국에서 머물고 있다.
I was **in a car** all morning. 나는 아침 내내 차에 있었다.
A lot of clothes are **in the closet**. 많은 옷이 옷장에 있다.

Erin landed **in Jeju Island** late at night. 에린은 밤 늦게 제주도에 도착했다.
Scott lives **in Canada**. 스캇은 캐나다에 산다.
This is the largest animal **in the world**. 이건 세상에서 가장 큰 동물이다.
A passenger is **in a taxi**. 승객 한 명이 택시에 있다.

> **Point 1** in은 공간의 내부뿐 아니라 가장 넓은 범위를 나타낼 때 사용합니다. 그래서 도시나 나라, 세상, 하늘 등이 등장할 때 자주 연결됩니다.
>
> **Point 2** 세 번째 예문의 all morning은 '아침 내내'란 뜻이에요. 이와 비슷한 every morning은 '매일 아침'이란 뜻입니다.
>
> **Point 3** 다섯 번째 예문의 land는 '땅'이란 명사도 되고, '(비행기나 배를 타고 어떤 장소에) 도착하다'란 동사도 돼요. 그리고 정확한 시간/때를 나타내는 전치사 at을 사용하여 나타낸 at night도 확인하셨죠?
>
> **Point 4** large는 '큰', the largest는 '가장 큰'이란 뜻입니다.

워밍업 순간영작 :
영작비법에서 배운 어순에 맞춰 빈칸에 알맞은 말을 넣어, 문장을 완성해 보세요.

❶ I live _____ London.

난 런던에 살아.

❷ She wears makeup _____ a bus.

그녀는 버스에서 화장을 해.

❸ She is totally different _____ home.

그녀는 집에서는 완전히 달라.

❹ I met him _____ Rome by chance.

난 그를 로마에서 우연히 만났어.

❺ My office is _____ the third floor.

내 사무실은 3층에 있어요.

❻ My puppy clawed _____ the door.

내 강아지가 문을 긁었어.

❼ A cockroach was _____ the wall.

바퀴벌레 한 마리가 벽에 있었어.

❽ Emma left her bag _____ the taxi.

엠마는 그녀의 가방을 택시에 두고 왔어.

❾ This is the most popular spot _____ Seoul.

여기는 서울에서 가장 유명한 장소야.

❿ I presented it _____ the meeting.

나는 그걸 회의에서 발표했다.

Vocabulary
live 살다　**totally** 완전히　**different** 다른　**meet** 만나다　**by chance** 우연히　**office** 사무실
puppy 강아지　**claw** 발톱으로 긁다　**cockroach** 바퀴벌레　**leave** 두고 오다
the most popular 가장 인기 있는　**spot** 장소　**present** 발표하다

어순 순간영작

같은 문장이라도 쉽다고 생각하지 말고, 어순에 맞게 순간 영작이 되도록 연습해 보세요. 7개 이상 맞혔다면, 영작 왕초보 탈출!

❶ _____ + _____ + _____
　　　난　　　　　　　　살아　　　　　　　런던에

❷ _____ + _____ + _____
　　그녀는　　　　　　　화장을 해　　　　　　버스에서

❸ _____ + _____ + _____ + _____
　　그녀는　　　　　　완전히 달라　　　　　　집에서

❹ _____ + _____ + _____ + _____ + _____
　　난　　　　만났어　　　　그를　　　　로마에서　　　우연히

❺ _____ + _____ + _____
　　내 사무실은　　　　　　있어요　　　　　　　3층에

❻ _____ + _____ + _____
　　내 강아지가　　　　　　긁었어　　　　　문을 (문에서)

❼ _____ + _____ + _____
　바퀴벌레 한 마리가　　　　있었어　　　　　　　벽에

❽ _____ + _____ + _____ + _____
　엠마는　　　　두고 왔어　　　그녀의 가방을　　　택시에

❾ _____ + _____ + _____ + _____
　여기는　　　　가장 유명한 장소야　　　　　　서울에서

❿ _____ + _____ + _____ + _____
　나는　　　　　발표했다　　　　그걸　　　　　회의에서

Unit 25 장소를 나타내는 전치사 at, on, in

생활 속 실전 영작 :

생활밀착형 문장들을 직접 영작해 보세요.
단어를 모를 때는 아래의 Hint를 참고합니다.

MP3_25

Emma Song
4월 23일 오후 6:25

❶ 나 지금 부산에 있어.
_____

❷ 해변 위에 있는 한 호텔에 머무르고 있지.
_____

❸ 아침은 이 호텔에서 먹었고,
_____

그리고 ❹ 점심은 진짜 유명한 식당에서 먹었어.
and _____

❺ 저녁은 크루즈에서 먹을 거야.
_____

❻ 부산에는 멋진 해산물 식당이 많아.
_____

❼ 그 식당들에서 신선한 해산물을 먹고 싶어.
_____

❽ 대부분의 그 식당들은 꼭대기 층에 있어.
_____

Hint

stay 머무르다   beach 해변   breakfast 아침   lunch 점심   famous 유명한   dinner 저녁
cruise 크루즈   there is/are + 명사 명사가 있다   nice 멋진   seafood 해산물
most 대부분의   top floor 꼭대기 층

실전 영작 분석 :
실전 영작에서 써 본 문장들을 어순 연습을 통해 다시 한 번 정리해 보세요.

- at + 정확하고 좁은 장소
- on + 표면, 층, 교통수단
- in + 넓은 범위의 지역, 공간 내부

❶ 나는 + 있다 + 부산에 + 지금
I am in Pusan now. → 부산은 도시명이죠? 상대적으로 넓은 지역이니 in을 쓰면 됩니다.

❷ 나는 + 머무른다 + 한 호텔에서 + 해변 위에 있는
I stay at a hotel on the beach. → '호텔'은 정확한 장소, 좁은 장소를 나타내므로 at을 씁니다. 그리고 호텔은 해변 위에 있는 거니까 on을 쓰면 돼요.

❸ 나는 + 먹었다 + 아침을 + 이 호텔에서
I had breakfast at this hotel. → 마찬가지로, '호텔에서'도 정확한 장소니까 at을 써 주세요.

❹ 나는 + 먹었다 + 점심을 + 매우 유명한 식당에서
I had lunch at a very famous restaurant. → 식당도 정확하고 좁은 장소죠? at을 쓰면 됩니다.

❺ 나는 + 먹을 것이다 + 저녁을 + 크루즈에서
I will have dinner on a cruise. → 크루즈와 같은 배 종류는 비교적 큰 교통수단입니다. on과 아주 잘 어울려요.

❻ 있다 + 많은 멋진 해산물 식당들이 + 부산에는
There are a lot of nice seafood restaurants in Pusan. → '명사가 있다'라고 할 때 'there is/are' 구문을 사용합니다. '식당들'이란 복수 명사가 등장했으니 동사도 복수 동사인 are을 써야 해요. 이 문장에서는 there이 주어가 아니라 동사 뒤에 나오는 '명사'가 주어랍니다.

❼ 나는 + 먹고 싶다 + 신선한 해산물을 + 그 식당들에서
I want to eat fresh seafood at the restaurants. → 'want to 동사원형' 구문을 사용하면 돼요. '식당에서'라고 할 때, at을 쓰는 것 기억하시죠?

❽ 대부분의 그 식당들은 + 있다 + 꼭대기 층에
Most of the restaurants are on the top floor. → 'most of the' 구문을 사용해서 연결하면 됩니다. 그리고 '층'이 등장했으니 on을 사용하면 돼요.

한 단계 업그레이드! : 문단 속에서 영작을 해 볼 차례입니다. 우리말을 영어로 바꿔 쓰면서 실력을 한 단계 더 업그레이드 해 보세요!

❶ _____.
  ↳ 강남역은 서울에서 유명한 장소야

After PSY's song, 'Gangnam Style', became popular worldwide, this place became more famous.

❷ _____.
  ↳ 그 역에 있는 많은 좋은 식당들은 젊은 사람들과 많은 외국인들을 매혹해

❸ _____, _____.
  ↳ 그 식당들에서   사람들은 맛있고 독특한 요리들을 맛볼 수 있어

In addition, ❹ _____

_____.
  ↳ 홍대, 이태원 그리고 인사동과 같은 많은 다른 흥미로운 장소들이 서울에 있어

❺ _____.
  ↳ 사람들은 투어 버스를 타고 그 도시 주변을 관광할 수 있어

문장 확인!

강남역은 서울에서 유명한 장소야.
싸이의 노래, '강남 스타일'이 전 세계적으로 인기를 끈 후, 이 장소는 더 유명해졌어.
그 역에 있는 많은 좋은 식당들은 젊은 사람들과 많은 외국인들을 매혹해. 그 식당들에서, 사람들은 맛있고 독특한 요리들을 맛볼 수 있어.
뿐만 아니라, 서울에는 홍대, 이태원 그리고 인사동과 같은 많은 다른 흥미로운 장소들이 있어. 사람들은 투어 버스를 타고 그 도시 주변을 관광할 수 있어.

Hint

famous 유명한   place 장소   nice 좋은   attract 매혹시키다   young 젊은   foreigner 외국인
taste 맛보다   unique 독특한   dish 요리   interesting 흥미로운   like ~와 같은
go sightseeing 관광하다   around 주변

Unit 26

양보 접속사 / 상관 접속사

Both you and I like English.
여러분과 저는 둘 다 영어를 좋아합니다.

> **영작 시크릿 노트 :** 영작비법과 그에 해당하는 예문을 통해 말하기와 영작에 꼭 필요한 핵심 비법을 익혀 보세요.

영작비법 51 ▶ 양보 접속사

문장 + 양보 접속사(though/although) + 문장

❶ 문장 + though/although + 문장

He likes me **though** I don't like him. 난 그를 좋아하지 않지만 그는 날 좋아해.
She went to work **although** she was sick. 그녀는 아팠음에도 출근을 했어.
Erin failed her test **though** she is smart. 똑똑한데도 에린은 시험을 망쳤어.
Emma was lazy **although** she didn't have much time. 시간이 많지 않음에도 엠마는 게으름을 부렸어.

> **Point 1** 접속사는 기본적으로 문장과 문장을 연결하는 역할을 해요. 문장은 다른 말로 '절'이라고 부르는데, 단독으로 나오는 절은 '주절', 접속사가 이끄는 절은 '종속절'이라고 부릅니다. 여기에서는 '주절 + 종속절'의 순서로 등장하고 있어요.
>
> **Point 2** though/although는 '~임에도'란 뜻의 '양보 접속사'입니다. '종속절이지만(임에도) 주절하다', 즉 종속절이 의미상으로 주절에게 양보를 한다고 해서 양보 접속사라고 불러요.

❷ Though/Although 문장, 문장

Though I don't like him, he likes me. 난 그를 좋아하지 않지만, 그는 날 좋아해.
Although she was sick, she went to work. 그녀는 아팠음에도, 출근을 했어.
Though she is smart, Erin failed her test. 똑똑한데도, 에린은 시험을 망쳤어.
Although she didn't have much time, Emma was lazy.
시간이 많지 않음에도, 엠마는 게으름을 부렸어.

> **Point 1** 주절과 종속절의 순서는 뒤바뀔 수 있어요. '종속절, 주절', 이렇게요.
>
> **Point 2** 종속절이 먼저 등장할 경우에는 comma(,)를 찍고 주절을 연결합니다. 의미는 동일하니 두 가지 구조 모두 많이 사용해 주세요.

영작비법 52 　상관 접속사

상관 접속사(both A and B, either A or B)

❶ both A and B

Emma likes **both** novels **and** magazines. 엠마는 소설과 잡지 둘 다 좋아해.
Both lamb **and** duck meat are my style. 양고기와 오리고기 둘 다 내 스타일이야.
Both China **and** Japan are our neighbors. 중국과 일본은 둘 다 우리의 이웃국가이다.
I like **both** episodes of the drama. 나는 그 드라마의 에피소드 둘 다 좋아해.

> **Point 1** both는 '둘 다'라는 뜻입니다. 주로 and와 함께 등장해서, both A and B 형태로 쓰고, 'A, B 둘 다'라고 해석합니다.
>
> **Point 2** 네 번째 예문처럼 'both + 복수 명사'의 형태로도 등장이 가능합니다.

❷ either A or B

I want to trip to **either** Spain **or** Greece. 나는 스페인이나 그리스 둘 중 하나로 여행가고 싶어.
Either he **or** I am a presenter. 그와 나 둘 중 한 명이 발표자야.
You can choose **either** an action film **or** a fantasy film.
너는 액션 영화나 판타지 영화 둘 중 하나를 선택할 수 있어.
Either Emma **or** Searee will attend the meeting.
엠마 또는 세리 둘 중 한 명이 그 회의에 참석할 것이다.

> **Point 1** either은 '둘 중 하나'란 뜻으로, 주로 or과 함께 등장해서, either A or B 형태로 쓰고, 'A, B 둘 중에 하나'라고 해석합니다.
>
> **Point 2** 주어 자리에 either A or B 패턴이 등장할 경우, B가 진짜 주어이니 B에 동사를 맞춰서 표현합니다. 예를 들어, 두 번째 예문은 B에 해당하는 I가 진짜 주어이므로 be동사를 am으로 쓴 거랍니다.

워밍업 순간영작 : 영작비법에서 배운 어순에 맞춰 빈칸에 알맞은 말을 넣어, 문장을 완성해 보세요.

❶ _____ he is wishy-washy, I love him.

그는 우유부단하지만, 난 그를 사랑해.

❷ _____ it was a long day, we were happy.

힘든 하루였지만, 우리는 행복했어.

❸ _____ he is rich, he pinches pennies.

그는 부유하지만, 돈을 아껴 써.

❹ I like _____ Joe and Marcus.

나는 조랑 마커스 둘 다 좋아.

❺ Please give me _____ iced tea or iced coffee.

아이스 티나 아이스 커피 둘 중 하나 주세요.

❻ _____ Emma and Erin don't appeal to me.

엠마와 에린은 둘 다 나한테는 별로야.

❼ I want to buy _____ shirts.

나는 셔츠 둘 다 사고 싶어.

❽ Our travel destination will be _____ Guam or Cebu.

우리의 여행지는 괌이나 세부가 될 거야.

❾ I want to eat something _____ my throat is sore.

목은 아프지만 뭔가가 먹고 싶어.

❿ It looked real _____ it was a wig.

가발인데 진짜처럼 보였어.

Vocabulary

wishy-washy 우유부단한   a long day 긴 하루   rich 부유한   pinch pennies 돈을 아끼다
iced tea 아이스 티   iced coffee 아이스 커피   appeal to ~에게 호감을 불러일으키다
shirt 셔츠   travel destination 여행지   throat 목   sore 아픈   real 진짜인   wig 가발

어순 순간영작

같은 문장이라도 쉽다고 생각하지 말고, 어순에 맞게 순간 영작이 되도록 연습해 보세요. 7개 이상 맞혔다면, 영작 왕초보 탈출!

❶ _____ + _____ + _____
　　~하지만　　　　　그는 우유부단하다　　　난 그를 사랑해

❷ _____ + _____ + _____
　　~이지만　　　　　힘든 하루였다　　　　　우리는 행복했어

❸ _____ + _____ + _____
　　~이지만　　　　　그는 부유하다　　　　　그는 돈을 아껴 써

❹ ____ + ____ + ____ + ____ + ____ + ____
　나는　　좋아　　둘 다　　조　　그리고　　마커스

❺ _____ + _____ + _____ + _____ + _____
　나에게 주세요　둘 중 하나를　아이스 티　또는　아이스 커피

❻ _____ + _____ + _____ + _____ + _____
　둘 다　　엠마　　그리고　　에린　　나한테는 별로야

❼ _____ + _____ + _____
　　나는　　　　　　사고 싶다　　　　　셔츠 둘 다

❽ ____ + ____ + ____ + ____ + ____
우리의 여행지는 될 것이다　둘 중 하나가　괌　또는　세부

❾ _____ + _____ + _____
　나는 뭔가가 먹고 싶어　　~이지만　　　　목이 아프다

❿ _____ + _____ + _____
　그것은 진짜처럼 보였어　　~이지만　　　그것은 가발이었다

Unit 26 양보 접속사 / 상관 접속사

생활 속 실전 영작 :
생활밀착형 문장들을 직접 영작해 보세요.
단어를 모를 때는 아래의 Hint를 참고합니다.

MP3_26

❶ 나 지금 커피숍이야.
_____
뭐 마실래?
What do you want to drink?

❷ 나 아이스 초코나 아이스 모카 둘 중 하나 마실래.
_____

다른 건?
What else?

❸ 나 케이크랑 머핀 둘 다 먹고 싶어.
_____

❹ 다이어트 중인데도 그거 다 먹을 거야?
_____

그럼, ❺ 점심이나 저녁 둘 중 하나 거르지 뭐.
Then, _____

❻ 둘 다 걸러야 해.
_____

Hint

coffee shop 커피숍　　**what else** 다른 거　　**muffin** 머핀　　**all of them** 그거 다
be on a diet 다이어트 중이다　　**skip** 거르다

실전 영작 분석 : 실전 영작에서 써 본 문장들을 어순 연습을 통해 다시 한 번 정리해 보세요.

- 문장 + 양보접속사(though/although) + 문장
- 상관 접속사(both A and B, either A or B)

❶ 나는 + 있다 + 커피숍에 + 지금

I am at a coffee shop now. → 'be동사 + 전치사구' 구문입니다. '커피숍'도 정확한 장소이니 at을 쓰면 돼요.

❷ 나는 + 마실 것이다 + 둘 중 하나를 + 아이스 초코 + 또는 + 아이스 모카

I will have either iced choco or iced mocha. → 미래를 나타내는 조동사 'will + 동사원형'을 쓰면 됩니다. 선택하는 표현이 등장하니 either A or B 구문을 쓰면 되겠어요.

❸ 나는 + 먹고 싶다 + 둘 다를 + 케이크 + 그리고 + 머핀

I want to eat both cake and muffin. → '~하고 싶다'라는 표현이 나왔으니, 역시나 'want to 동사원형'을 쓰면 됩니다. '둘 다'라는 표현은 both A and B를 쓰면 되겠죠?

❹ 너는 + 먹을 거니? + 그것들 모두를 + ~임에도 + 너는 다이어트 중이다

Will you have all of them although(though) you are on a diet? → 그것들 모두는 all of them으로 표현하면 돼요. '~임에도(although/though)'라는 접속사로 문장을 연결해 보세요. '다이어트를 하다'라는 표현은 be on a diet로 표현합니다.

❺ 나는 + 거를 것이다 + 둘 중 하나를 + 점심 + 또는 + 저녁

I will skip either lunch or dinner. → skip은 '건너뛰다, (식사를) 거르다, (수업을) 빼먹다' 등의 뜻으로 쓰일 수 있어요. 여기서도 둘 중 하나를 선택하는 의미이므로 either A or B 구문을 쓰면 됩니다.

❻ 너는 + 걸러야 한다 + 둘 다

You should skip both. → 조언의 느낌을 살려 조동사 should를 사용하면 됩니다. 뒤에는 당연히 동사원형을 연결해야겠죠? 목적어 자리는 'both lunch and dinner'이라고 구체적으로 표현해도 되지만, 문맥상 알 수 있는 부분이니 간단하게 both(둘 다)만 써도 돼요.

한 단계 업그레이드!

문단 속에서 영작을 해 볼 차례입니다. 우리말을 영어로 바꿔 쓰면서 실력을 한 단계 더 업그레이드 해 보세요!

I heard from my boss that ❶ _____
↳ 에린과 내가 둘 다 이 회의에 참석해야 한다

_____. ❷ _____.
↳ 에린과 나 둘 중 하나만 그 회의에 참석하기로 되어 있었다

❸ _____, _____.
↳ 우리는 또 다른 계획이 있음에도   우리는 그것을 변경했다

❹ _____.
↳ 우리는 짜증났지만 그 회의를 준비하기로 결정했다

Because the meeting is pretty important,

❺ _____.
↳ 우리 둘 다 그것을 통해 우리의 경력을 쌓을 수 있다

문장 확인!

나는 나의 보스로부터 에린과 내가 둘 다 이 회의에 참석해야 한다고 들었다.
에린과 나 둘 중 하나만 그 회의에 참석하기로 되어 있었다.
우리는 또 다른 계획이 있음에도, 그것을 변경했다. 우리는 짜증났지만 그 회의를 준비하기로 결정했다. 그 회의는 꽤 중요하기 때문에, 우리 둘 다 그것을 통해 우리의 경력을 쌓을 수 있다.

Hint

attend 참석하다   be supposed to ~하기로 되어 있다   another 또 다른
decide to 동사원형 ~하기로 결심/결정하다   prepare for ~을 준비하다   annoyed 짜증나는
increase experience 경험/경력을 쌓다   through ~을 통해서

Unit 27

접속사 vs. 전치사

You like Emma because of her optimism.

여러분은 그녀의 낙천적인 성격 때문에 엠마를 좋아합니다.

> 영작 시크릿 노트 : 영작비법과 그에 해당하는 예문을 통해 말하기와 영작에 꼭 필요한 핵심 비법을 익혀 보세요.

영작비법 53 접속사

접속사 + 주어 + 동사

❶ while + 주어 + 동사

The baby was crying while I was taking a shower.
내가 샤워를 하는 동안에 그 아기는 울고 있었어.

Don't bother Emma while she is watching the drama.
그녀가 그 드라마를 보는 동안에 엠마를 방해하지 마.

While I was waiting for my friend, I met my ex-girlfriend.
내 친구를 기다리는 동안에, 나는 내 전 여자친구를 만났다.

While he was ready for dinner, we were in the yard.
그가 저녁을 준비하는 동안에, 우리는 마당에 있었다.

> **Point 1** while(~동안에)은 접속사로, 뒤에 문장(주어 + 동사)을 취합니다.
> **Point 2** 이제 주절과 종속절의 순서를 바꿔가며 쓸 수 있겠죠? 어순과 해석을 비교하며 학습하세요.

❷ because/though/although + 주어 + 동사

I spoiled my dish because the fire was too strong. 그 불이 너무 셌기 때문에 나는 내 요리를 망쳤어.

I like the man though he is mean. 그가 짓궂어도 나는 그 남자가 좋아.

Because someone locked the door, I can't get out.
누군가가 그 문을 잠갔기 때문에, 나는 나갈 수가 없다.

Although the movie was exciting, I fell asleep. 그 영화는 재미있었지만, 나는 잠이 들었다.

> **Point 1** because(때문에), though/although(~임에도) 모두 접속사입니다.
> **Point 2** 문장 속에 접속사가 하나 등장하면, 문장은 두 개가 나와야 해요.

영작비법 54 전치사

전치사 + 명사

❶ during + 기간을 나타내는 명사 / for + 숫자로 나타내는 명사

The baby was crying **during** my shower. 나의 샤워 동안에 그 아기는 울고 있었다.
The baby was crying **for** 30 minutes. 30분 동안 그 아기는 울고 있었다.
During my vacation, I had a perfect time. 나의 휴가 동안에, 나는 완벽한 시간을 보냈다.
For a week, I visited my grandma. 일주일 동안, 나는 나의 할머니를 방문했다.

> **Point 1** during과 for는 접속사 while과 의미는 같지만 품사가 다르니 유의해야 합니다.
> **Point 2** during과 for는 의미와 품사가 모두 같지만 성격이 다릅니다. during 뒤에는 vacation(휴가), meeting(회의), semester(학기)와 같은 특정 기간(명사)이 등장하고, for 뒤에는 3 days(3일), 5 months(5개월), a week(일주일)과 같이 숫자로 이뤄진 기간이 등장해요.

❷ because of/due to/despite + 명사

I spoiled my dish **because of** the strong fire. 그 센 불 때문에 나는 내 요리를 망쳤어.
I spoiled my dish **due to** the strong fire. 그 센 불 때문에 나는 내 요리를 망쳤어.
I like the man **despite** his mean behaviors. 그의 짓궂은 행동에도 나는 그 남자가 좋아.
Despite the bad weather, we enjoyed the parade.
나쁜 날씨에도 불구하고, 우리는 그 퍼레이드를 즐겼다.

> **Point 1** 역시나 전치사이기 때문에 뒤에는 명사가 등장합니다. 전치사구를 앞으로 옮기는 것도 괜찮아요. '주어 + 동사'가 나오기 전에 comma(,)만 찍어 주세요.
> **Point 2** '~때문에'를 뜻하는 because of와 due to는 서로 바꿔가며 사용할 수 있답니다. despite는 though/although와 의미는 같지만 품사가 다르니 유의하세요.

워밍업 순간영작

영작비법에서 배운 어순에 맞춰 빈칸에 알맞은 말을 넣어, 문장을 완성해 보세요.

❶ _____ I have an interview tomorrow, I will drink with my buddies.
내일 인터뷰가 있음에도, 나는 친구들과 술을 마실 거야.

❷ _____ she worked late, she is tired today.
그녀는 야근을 했기 때문에, 오늘 피곤해.

❸ _____ you are on the clock, you can't talk on the phone.
근무하는 동안에는, 전화를 받을 수 없어요.

❹ _____ the done deal, I have a lot of work.
그 완료된 거래에도 불구하고, 나는 일이 많아.

❺ _____ my colleague, I am so stressed.
내 동료 때문에, 나 너무 스트레스 받아.

❻ My boss called me _____ my lunch break.
사장님이 점심시간에 나한테 전화했어.

❼ I can't explain about the machine _____ I don't know about it.
나는 그것에 대해 모르기 때문에 그 기계에 대해 설명할 수가 없어.

❽ _____ a lot of ads, many people don't know about the product.
많은 광고에도 불구하고, 많은 사람들은 그 제품에 대해 몰라.

❾ _____ the whole month, the weather was pretty cold.
한 달 내내, 날씨가 꽤 추웠다.

❿ The country is not dangerous anymore _____ tight security.
철저한 보안 때문에 그 나라는 더 이상 위험하지 않아.

Vocabulary

have an interview 인터뷰가 있다 **drink** 술을 마시다 **buddy** 친구 **work late** 야근하다
tired 피곤한 **on the clock** 근무 중인 **talk on the phone** 통화하다 **done deal** 완료된 거래
work 일 **colleague** 동료 **stressed** 스트레스 받는 **boss** 사장 **call** 전화하다
lunch break 점심시간 **explain about** ~에 대해 설명하다 **machine** 기계 **ad** 광고
product 제품, 상품 **whole** 전체의 **pretty** 꽤 **country** 나라 **dangerous** 위험한
anymore 더 이상 **tight security** 철저한 보안

어순 순간영작

같은 문장이라도 쉽다고 생각하지 말고, 어순에 맞게 순간 영작이 되도록 연습해 보세요. 7개 이상 맞혔다면, 영작 왕초보 탈출!

❶ _____ + _____ , + _____
　　～임에도　　　　　　나는 내일 인터뷰가 있다　　　나는 친구들과 술을 마실 거야

❷ _____ + _____ , + _____
　　～때문에　　　　　　그녀는 야근을 했다　　　　　그녀는 오늘 피곤해

❸ _____ + _____ , + _____
　　～동안에는　　　　　네가 근무 중이다　　　　　　너는 전화를 받을 수 없어요

❹ _____ + _____ , + _____
　　～에도 불구하고　　　그 완료된 거래　　　　　　　나는 일이 많아

❺ _____ + _____ , + _____
　　～때문에　　　　　　내 동료　　　　　　　　　　나 너무 스트레스 받아

❻ _____ + _____ + _____
　나의 사장님이 나한테 전화했어　　～동안에　　　　　점심시간

❼ _____ + _____ + _____
　나는 그 기계에 대해 설명할 수 없어　～때문에　　　　나는 그것에 대해 모른다

❽ _____ + _____ , + _____
　　～에도 불구하고　　　많은 광고　　　　　　　　　많은 사람들은 그 제품에 대해 몰라

❾ _____ + _____ , + _____
　　～동안에　　　　　　한 달　　　　　　　　　　　날씨는 꽤 추웠다

❿ _____ + _____ + _____
　그 나라는 더 이상 위험하지 않아　　～때문에　　　　철저한 보안 때문에

Unit 27 접속사 vs. 전치사　**225**

생활 속 실전 영작 :

생활밀착형 문장들을 직접 영작해 보세요.
단어를 모를 때는 아래의 Hint를 참고합니다.

MP3_27

❶ 오늘 머리스타일 달라 보였어.
_____

응, ❷ 중요한 약속 때문에 미용실 갔었거든.
Yeah, _____

❸ 잘 어울려.
_____

고마워! ❹ 진짜 피곤했는데, 갔다 왔어.
Thank you! _____
❺ 머리 자르는 동안 졸렸어.
_____

맞아, ❻ 나도 머리 관리 받는 동안에는 보통 잠들어.
Right, _____

Hint

hairdo 머리스타일   look ~해 보이다   different 다른   salon 미용실   important 중요한
appointment 약속   fit 어울리다   feel sleepy 졸리다   haircut 헤어컷, 머리 자름   usually 주로, 보통
fall asleep 잠들다   receive 받다   head massage 머리 관리

실전 영작 분석 : 실전 영작에서 써 본 문장들을 어순 연습을 통해 다시 한 번 정리해 보세요.

- 접속사 + 주어 + 동사
- 전치사 + 명사

① **너의 머리스타일은 + 보였다 + 다르게 + 오늘**
Your hairdo looked different today. → 2형식 감각동사가 등장했어요. 'look + 형용사(~해 보인다)'를 사용하면 됩니다.

② **나는 + 갔다 + 미용실에 + ~ 때문에 + 나의 중요한 약속**
I went to a salon because of(due to) my important appointment. → appointment(약속)라는 명사가 등장했으니 because of 또는 due to와 같은 전치사를 사용해야 해요.

③ **그것은 + 어울린다 + 너에게**
It fits you. → 여기서 '그것'은 앞서 말한 머리스타일을 말해요. 반복되기 때문에 대명사 it으로 썼어요. fit은 '~에 어울리다/적합하다'라는 뜻이에요.

④ **~임에도 + 나는 + 정말로 + 피곤했다 + 나는 + 갔다 + 거기에**
Though(Although) I was really tired, I went there. → I am tired(나는 피곤하다)라는 문장을 취하기 때문에, 접속사 although/though(~임에도 불구하고)를 사용하면 됩니다.

⑤ **나는 + 졸렸다 + ~동안에 + 헤어컷**
I felt sleepy during my haircut. → haircut(헤어컷)이란 명사를 쓰니까, 전치사 during을 사용합니다. 숫자로 이루어진 기간이 아니기 때문에 for은 쓸 수 없다는 것, 기억하세요.

⑥ **나는 + 보통 + 잠든다 + ~ 동안에 + 내가 + 받는다 + 머리 관리를**
I usually fall asleep while I receive a head massage. → 부사는 일반동사와 나왔을 때는 그 앞에 넣어 주면 된다는 사실, 기억하시죠? 그리고 I receive a head massage(나는 머리 관리를 받는다)라는 문장을 취하니 '~하는 동안에'라는 의미의 while, during, for 중에서 접속사 while을 써야 해요.

한 단계 업그레이드!

문단 속에서 영작을 해 볼 차례입니다. 우리말을 영어로 바꿔 쓰면서 실력을 한 단계 더 업그레이드 해 보세요!

❶ _____
↪ 나의 가족은 이번 겨울 매 주말마다 스키를 타러 가는 것을 계획했기 때문에 나는 2개월 동안
_____.
스키를 배우기로 결심했다

Actually ❷ _____.
↪ 나는 운동신경이 나쁘기 때문에, 나는 다른 사람들보다 더 배워야 한다

❸ _____,
↪ 나는 스키를 잘 타지 못하지만, 나는 스키와 같은 겨울 스포츠를 좋아한다
_____

So, I cannot wait for this winter.

❹ _____.
↪ 나는 이번 겨울 내내 스키를 즐길 것이다

❺ _____,
↪ 내가 스키 리조트에 있는 동안에, 나는 스키를 마스터할 것이다
_____

✓ 문장 확인!

나의 가족은 이번 겨울 매 주말마다 스키를 타러 가는 것을 계획했기 때문에 나는 2개월 동안 스키를 배우기로 결심했다. 사실 나는 운동신경이 나쁘기 때문에, 다른 사람들보다 더 배워야 한다. 나는 스키를 잘 타지 못하지만, 스키와 같은 겨울 스포츠를 좋아한다. 그래서 나는 이번 겨울이 정말 기대된다. 나는 이번 겨울 내내 스키를 즐길 것이다. 내가 스키 리조트에 있는 동안에, 나는 스키를 마스터할 것이다.

Hint

decide to 동사원형 ~하기로 결정/결심하다   **learn to** 동사원형 ~하는 것을 배우다   **ski** 스키 타다
plan to 동사원형 ~하기로 계획하다   **go -ing** ~하러 가다   **a poor athlete** 운동신경이 없는 사람
be bad at ~을 못하다   **like** ~와 같은   **enjoy -ing** ~하는 것을 즐기다   **whole** 전체의
master 끝내다, 마스터하다

Unit 28

이어 동사

Sometimes Emma puts on makeup.
엠마는 가끔 화장을 해요.

영작 시크릿 노트 : 영작비법과 그에 해당하는 예문을 통해 말하기와 영작에 꼭 필요한 핵심 비법을 익혀 보세요.

> **영작비법 55** 이어 동사
>
> **동사 + 일반 명사 + 전치사**
> **동사 + 전치사 + 일반 명사**

❶ **동사 + 일반 명사 + 전치사**

I **turned** TV **on**. 나는 TV를 켰다.
I **turned** TV **off**. 나는 TV를 껐다.
She **put** a coat **on**. 그녀는 코트를 입었다.
She **took** a coat **off**. 그녀는 코트를 벗었다.
Emma **picked** the books **up**. 엠마는 그 책들을 집어 들었다.
Emma **put** the books **down**. 엠마는 그 책들을 내려 놓았다.

> **Point 1** 동사와 전치사로 이루어진 하나의 표현을 '이어 동사'라고 합니다.
> **Point 2** '일반 명사'가 목적어로 나왔을 때는 이어 동사 사이에 넣어도 됩니다.

❷ **동사 + 전치사 + 일반 명사**

I **turned on** TV. 나는 TV를 켰다.
I **turned off** TV. 나는 TV를 껐다.
She **put on** a coat. 그녀는 코트를 입었다.
She **took off** a coat. 그녀는 코트를 벗었다.
Emma **picked up** the books. 엠마는 그 책들을 집어 들었다.
Emma **put down** the books. 엠마는 그 책들을 내려 놓았다.

> **Point 1** 역시나 '일반 명사'가 목적어로 나왔을 때는 이어 동사 뒤에 넣어도 됩니다.
> **Point 2** 이러한 이어 동사는 실생활에서 자주 사용되니, 각각의 뜻을 확인해 주세요.

> **영작비법 56** 이어 동사
>
> **동사 + 대명사 + 전치사**
> **동사 + 전치사 + 대명사 (X)**

❶ 동사 + 대명사 + 전치사

I **turned** it **on**. 나는 그것을 켰다.
I **turned** it **off**. 나는 그것을 껐다.
She **put** it **on**. 그녀는 그것을 입었다.
She **took** it **off**. 그녀는 그것을 벗었다.
Emma **picked** them **up**. 엠마는 그것들을 집어 들었다.
Emma **put** them **down**. 엠마는 그것들을 내려 놓았다.

> **Point 1** '일반 명사'가 아닌 '대명사'가 목적어로 나온다면, 무조건 이어 동사 사이에 넣어 줘야 해요.
> **Point 2** 대명사는 목적어이기 때문에 '목적격'으로 표현합니다.

❷ 동사 + 전치사 + 대명사 (X)

I turned on it. (X)
I turned off it. (X)
She put on it. (X)
She took off it. (X)
Emma picked up them. (X)
Emma put down them. (X)

> **Point 1** '대명사'가 목적어로 나왔을 때는 절대 이어 동사 뒤에 넣을 수 없어요.
> **Point 2** 이어 동사 사이에 넣어야 한다는 점, 다시 한 번 더 기억하세요.

워밍업 순간영작 :
영작비법에서 배운 어순에 맞춰 빈칸에 알맞은 말을 넣어, 문장을 완성해 보세요.

❶ First, _____ _____ the switch.

먼저, 그 스위치를 <u>켜세요</u>.

❷ You should _____ _____ the faucet.

수도꼭지 <u>잠가야</u> 해.

❸ Emma _____ _____ some money on the street.

엠마는 길에서 돈을 좀 <u>주웠어</u>.

❹ Laura _____ it _____.

로라는 그것을 <u>벗었다</u>.

❺ Emma _____ it _____.

엠마는 그것을 <u>입었다</u>.

❻ Erin _____ them _____ on the table.

에린은 그것들을 테이블 위에 <u>내려 놓았다</u>.

❼ She _____ the shoes _____.

그녀는 그 신발을 <u>집어 들었다</u>.

❽ Searee _____ _____ her bag.

세리는 그녀의 가방을 <u>내려 놓았다</u>.

❾ We should _____ it _____ before we go out.

우리는 외출하기 전에 그걸 <u>꺼야</u> 한다.

❿ Emma _____ them _____ because it was too hot.

엠마는 너무 더웠기 때문에 그것들을 <u>벗어 버렸다</u>.

Vocabulary

switch 스위치　faucet 수도꼭지　street 길　shoes 신발　bag 가방　go out 외출하다　hot 더운

어순 순간영작

같은 문장이라도 쉽다고 생각하지 말고, 어순에 맞게 순간 영작이 되도록 연습해 보세요. 7개 이상 맞혔다면, 영작 왕초보 탈출!

❶ _____ , + _____ + _____ + _____
　　먼저,　　　　　　　켜세요　　　　　　그 스위치를

❷ _____ + _____ + _____ + _____
　너는　　　 ~해야 해　　　 잠그다　　　 그 수도꼭지를

❸ _____ + _____ + _____ + _____
　엠마는　　　　주웠다　　　 약간의 돈을　　 길 위에서

❹ _____ + _____ + _____ + _____
　로라는　　　　　　　그것을 벗었다

❺ _____ + _____ + _____ + _____
　엠마는　　　　　　　그것을 입었다

❻ _____ + _____ + _____ + _____
　에린은　　　　그것들을 내려 놓았다　　　테이블 위에

❼ _____ + _____ + _____ + _____
　그녀는　　　　그 신발을 집어 들었다

❽ _____ + _____ + _____ + _____
　세리는　　　　내려 놓았다　　　　그녀의 가방을

❾ _____ + _____ + _____ + _____ + _____ + _____
　우리는　~해야 한다　　　그걸 끄다　　　우리가 외출하기 전에

❿ _____ + _____ + _____ + _____ + _____
　엠마는　　　　그것들을 벗어 버렸다　　　너무 더웠기 때문에

Unit 28 이어 동사

생활 속 실전 영작 :
생활밀착형 문장들을 직접 영작해 보세요.
단어를 모를 때는 아래의 Hint를 참고합니다.

MP3_28

여보, ❶ 너무 덥다.
Honey, _____

❷ 에어컨 켰어?
_____

물론이지, ❸ 한 시간 안에 끌 거야.
Of course, _____

좋아! ❹ 우리 아기는 카디건 입었어?
Good! _____

응, 근데 ❺ 나는 너무 더워서 벗었어.
Yes, but _____

암튼, ❻ 내가 5분 안에 전화할게.
Anyway, _____

❼ 지금 너무 바빠.
_____

❽ 전화 받아야 해~
_____

Hint

hot 더운   air conditioner 에어컨   cardigan 카디건   pick up the phone 전화를 받다

실전 영작 분석 : 실전 영작에서 써 본 문장들을 어순 연습을 통해 다시 한 번 정리해 보세요.

> • 동사 + 일반 명사 + 전치사
> • 동사 + 전치사 + 일반 명사
> • 동사 + 대명사 + 전치사

❶ 너무 + 덥다
it's too hot. → 날씨를 표현할 때 '비인칭 주어 it'을 쓰면 됩니다. 따로 해석은 하지 않아요.

❷ 너는 + 켰니? + 그 에어컨을
Did you turn on the air conditioner? → 에어컨은 일반 명사예요. turn on 사이에 넣어도 되고, 뒤에 넣어도 됩니다.

❸ 나는 + 그것을 끌 것이다 + 한 시간 안에
I will turn it off in an hour. → 에어컨이라는 말이 반복되기 때문에 '그것'이라는 대명사를 사용했어요. 대명사가 나왔으니 이어 동사 사이에 넣어야겠죠? '한 시간 안에'라고 할 때는 배우진 않았지만 within(~안에)을 쓰면 보다 정확하게 표현할 수 있어요.

❹ 우리 아기는 + 입었니? + 카디건을
Did our baby put on a cardigan? → 카디건도 일반 명사죠? 이어 동사 사이와 뒤, 둘 중에서 위치를 정해서 넣어 보세요.

❺ 나는 + 나의 카디건을 벗었다 + 너무 덥기 때문에
I took my cardigan off because it's too hot. → 역시나 일반 명사인 카디건이 목적어로 나왔네요. 이어 동사 사이나 뒤에 넣으면 돼요. '~때문에'에 해당하는 because, because of, due to 중에서 '너무 덥다(it is too hot)'라는 문장이 연결되어 있으니 접속사 because를 쓰면 됩니다.

❻ 나는 + 전화할 것이다 + 너에게 + 5분 안에
I will call you in 5 minutes. → '5분 안에'도 '한 시간 안에'와 마찬가지로 within을 쓰면 더 정확해요.

❼ 나는 + 너무 + 바쁘다 + 지금
I'm too busy now. → 'be동사 + 형용사' 구문이에요. '너무'를 뜻하는 말은 too로 나타낼 수 있습니다.

❽ 너는 + 전화 받아야 한다
You should pick up the phone~ → '전화 받다'는 이어 동사 pick up을 사용합니다. 일반 명사인 '전화'가 목적어로 쓰이지만 '전화 받다'는 pick up the phone이 더 자연스럽습니다.

한 단계 업그레이드!

문단 속에서 영작을 해 볼 차례입니다. 우리말을 영어로 바꿔 쓰면서 실력을 한 단계 더 업그레이드 해 보세요!

One day, I was walking along the street.

Suddenly, a bill on the street caught my eye.

❶ _____. Nobody was there.
  → 나는 그것을 집어 들었고 주변을 둘러봤다

❷ _____, but I couldn't.
  → 나는 그것을 내 주머니에 넣고 싶었다

So, ❸ _____,
  → 나는 그것을 길 위에 내려놨다

but I thought I'd better bring it to the police station.

After I entered the police station, ❹ _____

_____.
  → 나는 나의 코트를 벗었고 경찰관을 기다렸다

I gave her the money and went on my way.

문장 확인!

어느 날, 나는 길을 따라 걷고 있었다.
갑자기, 그 길 위에 지폐 한 장이 내 눈을 사로잡았다. 나는 그것을 집어 들었고 주변을 둘러봤다. 아무도 없었다. 나는 그것을 내 주머니에 넣고 싶었지만 그럴 수가 없었다.
그래서, 나는 그것을 길 위에 내려놨지만 내 생각에 그걸 가지고 경찰서에 가는 게 나을 것 같았다. 내가 경찰서에 들어간 후, 나는 나의 코트를 벗었고 경찰관을 기다렸다.
나는 그녀에게 그 돈을 주었고 갈 길을 갔다.

Hint

look around 주변을 둘러보다   pocket 주머니   wait for ~을 기다리다   police officer 경찰관

Unit 29

Email Writing

I want to delay my interview.
저는 제 인터뷰를 연기하고 싶어요.

영작 시크릿 노트 : 영작비법과 그에 해당하는 설명을 통해 작문에 꼭 필요한 내용을 익혀 보세요.

영작비법 57 ▶ 이메일 작성 요령

- **인사**

'~에게'에 해당하는 부분입니다. Dear로 시작하는 경우가 많아요.
친분이 있다면 Dear나 Hello 뒤에 이름만 써도 되지만, 격식을 차려야 한다면 Mr./Miss/Mrs./Dr./Prof. 등으로 연결하면 됩니다.

- **서론 및 본론**

이메일을 보내는 목적을 초반부에 밝히면 명확하게 의사를 전달할 수 있답니다.
KISS(keep it short and simple)의 원칙을 지켜주는 게 좋아요. 짧고 명료하게 의사를 표현하는 게 중요답니다.
바로 목적을 명시할 때는 I am writing to~(~하려고 이메일을 드립니다) 패턴을, 뭔가를 요청할 때라면 I want to~, I'd like to~ (난 ~하고 싶어요) 패턴을 사용하면 됩니다.
본론을 마무리할 때는 주로, '궁금한 게 있으시면 언제든 연락주세요(please let me know if you have any questions)'라는 문장의 다양한 버전을 사용하니 이런 문장은 익숙하게 봐 두시는 게 좋겠죠?

- **맺음말**

일반적으로 이메일의 모든 내용을 끝낼 때, regards, best regard, sincerely 등을 많이 사용해요. '감사한 마음을 담아, 진심으로' 등으로 해석하면 됩니다.

생활 속 실전 영작

생활 속 실전 영작을 해볼 차례입니다.
보기에서 알맞은 단어를 골라 문장을 써보세요.

받는 사람	김교수님 〈profkim@siwonschool.com〉
참조	
제목	인터뷰 일정 연기 요청

❶ 저의 인터뷰 날짜는 6월 1일입니다.

❷ 그런데 저는 제 인터뷰를 미루고 싶어요.

❸ 인터뷰 스케줄을 미리 받지 않았기 때문에, 그 날짜를 확인하지 못했습니다.

❹ 전 인턴십 프로그램 때문에 6월에 포르투갈에 있을 예정이에요.

❺ 그래서 인터뷰는 7월에만 가능합니다.

❻ 7월에 인터뷰를 해도 될까요?

❼ 교수님의 스케줄을 확인하신 후, 이메일로 답변 부탁 드립니다.

❽ 감사한 마음을 담아, 엠마

Hint

interview 인터뷰 date 날짜 delay 미루다 receive 받다 schedule 스케줄
in advance 미리 check 확인하다 internship 인턴십 possible 가능한
have an interview 인터뷰를 하다 reply to ~로 답변하다 sincerely 감사한 마음을 담아

실전 영작 분석 :
실전 영작에서 써본 문장들을 어순 연습을 통해 다시 한 번 정리해보세요.

❶ 나의 인터뷰 날짜는 + 6월 1일이다

> **영작비법 02** ▶ 주어 + be동사 + there/here, 전치사구
>
> **영작비법 47** ▶ on + 요일, 날짜, 특정한 날

My interview date is on June 1st.
→ 'be동사 + 전치사구' 구문입니다. '몇 월 며칠에'라고 할 때는 on을 써야 해요.

❷ 그런데 + 나는 + 미루고 싶다 + 나의 인터뷰를

> **영작비법 32** ▶ 주어 + 동사 + 목적어(to부정사)

But I want to delay my interview. → 'want to 동사원형(~하고 싶다)'를 적용하면 됩니다.

❸ ~때문에 + 나는 + 받지 않았다 + 그 인터뷰 스케줄을 + 미리, + 나는 + 확인할 수 없었다 + 그 날짜를

> **영작비법 28** ▶ 문장 + 이유의 접속사 + 문장

Because I didn't receive the interview schedule in advance, I couldn't check the date. → 문장을 연결하고 있으니 접속사를 써야 해요. 위 문장에서는 이유를 나타내는 because를 쓰면 됩니다. 그리고 could는 can의 과거형이에요.

❹ 나는 + 있을 것이다 + 포르투갈에 + 6월에 + ~ 때문에 + 나의 인턴십 프로그램

> **영작비법 17** ▶ 주어 + will + 동사원형
>
> **영작비법 54** ▶ 전치사 + 명사

I will be in Portugal in June because of my internship program.
→ 'be동사 + 전치사구' 구문이죠? 포르투갈은 넓은 범위의 지역이니 in을 써야 하고, 6월 앞에도 시간을 나타내는 전치사 in을 씁니다. 그리고 인턴십 프로그램은 명사니 전치사(because of)로 연결해야 합니다.

❺ 그래서 + 그 인터뷰는 + 오직 가능하다 + 7월에

> **영작비법 01** ▶ 주어 + be동사 + 명사/형용사
>
> **영작비법 48** ▶ in + 아침, 오후, 저녁, 월, 년도, 계절

So the interview is only possible in July.
→ 'be동사 + 형용사' 구문이에요. '월'이 나왔을 때에도 시간을 나타내는 전치사 in을 써 주세요.

❻ 내가 + 가져도 되나요? + 나의 인터뷰를 + 7월에

> **영작비법 19** ▶ Can + 주어 + 동사원형 + ?
>
> **영작비법 48** ▶ in + 아침, 오후, 저녁, 월, 년도, 계절

Can I have my interview in July?
→ Can I~?는 주로 '~해도 되나요?'라는 허락의 뜻으로 많이 쓰여요. '인터뷰를 하다'라는 표현은 have (가지다)를 써서 나타냅니다.

❼ ~후에 + 네가 + 확인하다 + 너의 스케줄을, + 답변해 주세요 + 나의 이메일로

> **영작비법 27** ▶ 문장 + 시간의 접속사 + 문장

After you check your schedule, please reply to my email.
→ '~후에'를 뜻하는 접속사 after로 문장을 연결하면 됩니다.

한 단계 업그레이드!

문단 속에서 영작을 해 볼 차례입니다. 우리말을 영어로 바꿔 쓰면서 실력을 한 단계 더 업그레이드 해 보세요!

받는 사람	배송 담당자 〈happyshopping@navar.com〉
참조	
제목	배송 확인

안녕하세요!
Hello, there!

❶ 질문이 하나 있어요. 제 주문 상품이 지금 저에게 오고 있는 건가요?

___

❷ 내 주문 건을 추적할 수가 없어요.

___

❸ 송장 번호를 전엔 기억했는데, 근데 지금은 잊어버렸어요.

___

❹ 나에게 그 번호를 보내 주세요.

___

❺ 나는 가능한 빨리 내 주문 상품의 위치를 알고 싶어요.

___

❻ 꽤 오래 전에 당신의 사이트에서 물건 몇 개를 주문했기 때문에, 염려가 됩니다.

___

❼ 이번 휴일 때문에 시간이 더 걸릴 수도 있겠군요.

___

그럼 수고하세요!
Take care!

엠마
Emma

Hint

question 질문   order 주문, 주문하다   location 위치   ASAP(as soon as possible) 가능한 빨리
item 상품   quite a while ago 꽤 오래 전에   concerned 염려하는   take longer 더 오래 (시간이) 걸리다
holiday 휴일

Unit 30

Story Writing

:

Simba comes into the world.
심바가 세상에 태어납니다.

영작 시크릿 노트 : 영작비법과 그에 해당하는 설명을 통해 작문에 꼭 필요한 내용을 익혀 보세요.

영작비법 58 ▶ 스토리 작성 요령

- **스토리를 쓰기 전에**

  스토리를 쓰기 전에는 어떤 내용을 쓸지 그려봐야 합니다. 전체적인 스토리의 기승전결을 머리 속으로 훑을 수 있어야 탄탄한 내용으로 글을 쓸 수 있으니까요.
  그리고 일단 시작을 했으면 오류 여부를 생각하지 말고 끝까지 쓰는 게 좋습니다.
  다 쓴 후에 수정해도 늦지 않아요. 수정하고 편집하는 과정은 반드시 거쳐야 한다는 사실, 알고 계시죠? 이 과정을 통해 더 좋은 표현이나 잘 저지르는 실수들을 스스로 알아갈 수 있답니다.

- **동격의 콤마(,)**

  특정 명사에 대해 추가적인 설명을 할 때, 동격의 콤마를 쓰면 됩니다.

  예를 들어, '선생님인 엠마'를 영어로 표현하고 싶다면?
  Emma, a teacher라고 표현하면 돼요.
  다른 예로, 20살인 내 여동생은 어떻게 표현할까요?
  My little sister, 20라고 하면 된답니다.
  예) 선생님인 엠마는 예쁘다. <u>Emma, a teacher,</u> is pretty.
  　　20살인 내 여동생은 디자이너다. <u>My little sister, 20,</u> is a designer.

- **대명사**

  스토리에서 등장인물이 빠질 순 없겠죠? 처음에는 등장인물의 이름이 구체적으로 언급되지만, 이야기가 진행되면 이름을 반복해서 쓰지 않고, 대명사로 나타냅니다.
  그래서 스토리에서는 항상 대명사에 유의해야 해요. 하나의 스토리에 여러 명의 등장인물이 등장하는 경우가 많으니까요.
  스토리 속 대명사가 누굴 가리키는지 확인할 땐 한 명(개)인지 여러 명(개)인지, 그리고 여성인지 남성인지를 명확하게 구분해야 해요.

생활 속 실전 영작:

생활 속 실전 영작을 해볼 차례입니다.
보기에서 알맞은 단어를 골라 문장을 써보세요.

❶ 평화로운 동물 왕국에서, 아기 사자, 심바가 세상에 태어난다.

❷ 그의 아버지, 무파사는 그 왕국의 왕이다.

❸ 심바는 그의 가장 친한 친구, 날라와 함께 뛰논다.

❹ 한편, 무파사의 동생, 스카는 왕이 되기를 원한다.

❺ 그의 욕심 때문에, 그는 결국 자신의 형을 죽이고 심바를 멀리 내쫓는다.

❻ 심바는 티몬과 품바와 친구가 된다.

❼ 그리고 그는 그들과 어른이 된다.

❽ 그러던 어느 날, 심바는 날라를 우연히 만나 그녀에게서 왕국에 대한 소식을 듣는다.

❾ 그러나 그의 실수 때문에, 그는 왕국에 돌아가는 것을 거부한다.

❿ 마침내, 아버지의 가르침과 자신의 운명을 깨달은 후, 심바는 평화를 되찾기 위해 왕국으로 돌아간다.

Hint

peaceful 평화로운　**kingdom** 왕국　**come into the world** 태어나다　**romp around** 뛰어 놀다
meanwhile 한편　**greed** 욕심　**finally** 마침내, 결국　**kill** 죽이다　**turn away** 쫓아내다
become friends with ~와 친구가 되다　**grow up** 자라다　**one day** 어느 날　**by chance** 우연히
mistake 실수　**refuse to** 동사원형 ~을 거부하다　**return to** ~로 돌아가다　**realize** 깨닫다
lesson 가르침, 교훈　**destiny** 운명　**regain** 되찾다　**peace** 평화

실전 영작 분석 : 실전 영작에서 써본 문장들을 어순 연습을 통해 다시 한 번 정리해보세요.

❶ 평화로운 동물 왕국에서, + 아기 사자, + 심바가 + 세상에 태어난다

> **영작비법 50** ▶ in + 넓은 범위의 지역, 공간 내부

In the peaceful animal kingdom, a baby lion, Simba, comes into the world.
→ '왕국에서'는 넓은 범위의 지역을 나타내는 in을 쓰면 됩니다. 그리고 '아기사자, 심바'는 '명사, 명사'이므로 동격을 나타냅니다.

❷ 그의 아버지, + 무파사는 + 그 왕국의 왕이다

> **영작비법 46** ▶ 사물의 소유 관계 : of

His father, Mufasa, is the king of the kingdom.
→ '그 왕국의 왕'은 사물의 소유관계입니다. 전치사 of를 써야겠죠?

❸ 심바는 + 뛰어 논다 + 그의 가장 친한 친구와 함께, + 날라

> **영작비법 45** ▶ 인칭대명사(주격/목적격/소유격)

Simba romps around with his best friend, Nala.
→ 다른 등장인물 '날라'가 등장했네요! 여기서도 동격의 comma(,)가 등장하고 있어요.

❹ 한편, + 무파사의 동생, + 스카는 + 원한다 + 왕이 되기를

> **영작비법 32** ▶ 주어 + 동사 + 목적어(to부정사)

Meanwhile, Mufasa's brother, Scar, wants to be a king.
→ 'want to 동사원형'을 사용하면 됩니다. to 뒤에 be라는 동사원형을 빼놓으면 안 되겠죠?

❺ ~ 때문에 + 그의 욕심 + 그는 + 결국 + 죽인다 + 그의 형을 + 그리고 + 심바를 내쫓는다

> **영작비법 54** ▶ 전치사 + 명사

Because of his greed, he finally kills his brother and turns Simba away.
→ greed(욕심)이란 명사를 취하기 위해서는 전치사(because of/due to)가 필요해요.

❻ 심바는 + 된다 + 친구가 + 티몬과 품바와

> **영작비법 29** 주어 + be동사 / become + 주격보어(명사/형용사)

Simba becomes friends with Timon and Pumbaa.
→ 'become + 명사' 구조의 2형식 문장입니다.

❼ 그리고 + 그는 + 자란다 + 그들과 함께

> **영작비법 45** 인칭대명사(주격/목적격/소유격)

And he grows up with them. → 여기서 '그'는 '심바'를, '그들'은 '티몬과 품바'를 나타내고 있어요.

❽ 그러던 어느 날, + 심바는 + 만난다 + 날라를 + 우연히 + 그리고 + 듣는다 + 왕국에 대해 + 그녀에게서

> **영작비법 16** 단어 + and/but + 단어

Then one day, Simba meets Nala by chance and hears about the kingdom from her.
→ 등위접속사 and가 동사(meet)와 동사(hear)를 연결하고 있어요.

❾ 그러나 + ~ 때문에 + 그의 실수 + 그는 + 거부한다 + 돌아가는 것을 + 왕국으로

> **영작비법 54** 전치사 + 명사

But due to his mistakes, he refuses to return to the kingdom. → mistake(실수)란 명사를 취하니 전치사(because of, due to)를 넣어 주세요. 'refuse to 동사원형(~하는 것을 거부하다)' 구문을 사용하면 어렵지 않은 문장이랍니다. 그리고 return to(~로 돌아가다)의 to는 전치사라는 점을 구별하세요.

❿ 마침내, + ~후에 + 그가 + 깨닫다 + 그의 아버지의 가르침 + 그리고 + 그의 운명을, + 심바는 + 돌아간다 + 왕국으로 + 되찾기 위해 + 평화를

> **영작비법 13** to + 동사원형

> **영작비법 16** 단어 + and/but + 단어

Finally, after he realizes his father's lesson and his destiny, Simba returns to the kingdom to regain peace.
→ and(등위 접속사)가 명사(lesson)와 명사(mistake)를 연결하고 있어요. 그리고 '~하기 위해서'는 'to 동사원형'을 쓰면 됩니다.

한 단계 업그레이드!

문단 속에서 영작을 해 볼 차례입니다. 우리말을 영어로 바꿔 쓰면서 실력을 한 단계 더 업그레이드 해 보세요!

❶ 드라큘라가 한 남자를 그의 성으로 초대할 때 이야기는 시작된다.
_____

❷ 그 남자의 이름은 조나단이다.
_____

❸ 그의 약혼자인 미나가 드라큘라의 성에 도착했을 때, 드라큘라는 미나를 그의 첫사랑이라고 여긴다.
_____

❹ 조나단은 미나를 영국으로 돌려보낸다.
_____

❺ 그날 밤, 드라큘라는 조나단의 피를 마시고 그의 젊음을 되찾는다.
_____

❻ 드라큘라의 계속되는 노력에도 불구하고, 미나는 그를 거부한다.
_____

❼ 그러나 사실 미나는 그에게 끌리고 있다.
_____

❽ 결국, 미나는 드라큘라와 함께 하기를 원한다.
_____

❾ 그러나, 자신의 삶이 불행하다는 것을 깨닫기 때문에, 드라큘라는 영원한 죽음을 선택한다.
_____

Hint

begin 시작하다, 시작되다   invite A to B A를 B로 초대하다   castle 성   fiancée 약혼자
arrive 도착하다   consider 여기다   first love 첫 사랑   return A to B A를 B로 돌려보내다
blood 피   renew 회복하다   youth 젊음   despite ~에도 불구하고   persistent 지속적인
efforts 노력   refuse 거부하다   actually 사실   attracted to A A에게 끌리는   realize 깨닫다
unfortunate 불행한   life 삶   choose 선택하다   eternal 영원한   death 죽음

영작 시크릿 노트 : 지금까지 배운 영작비법에 더하여 진짜 영작 고수가 될 수 있는 마지막 비법을 익히고 실전에 사용해 보세요.

영작비법 59 직역으로 귀찮게 공부하기!

짧은 한 단락의 영어 지문이 눈 앞에 등장하면, 어떻게 내용을 파악하시나요?
모르는 단어들의 의미를 찾아 본 후, 그 의미를 연결하여 대강 단락의 내용을 파악하는 경우가 많죠. 바쁠 땐 그래도 괜찮지만, 공부할 때는 '해석'을 하면 안 됩니다! 한 문장을 보더라도 해석이 아닌 '직역'을 통해 영어의 문장 구조를 완전히 내 것으로 만들어야 하니까요.

예를 들어 볼까요?
I decided to go to my grandparents' house.

이 문장을 보고 '조부모님 댁에 가기로 했구나', 라고 내용 파악을 한 것도 잘한 거지만, 더 잘하기 위해서는 직역을 하는 게 좋습니다. 그래야 다음 번에 여러분이 직접 이 문장 구조를 사용해서 쓰고 말할 수 있어요.

I / decided to go / to my grandparents' house.
나는 / 가기로 결정했다 / 나의 조부모님 댁에

짧은 문장부터 이런 방법을 적용하면, 나중에 긴 문장 영작도 두렵지 않아요. 이렇게 귀찮게 공부하면, 여러분도 긴 문장으로 쓰고 말할 수 있게 된답니다.

영작비법 60 단어는 따로 암기하지 말고, 덩어리로!

성인이 된 후, 단어를 외운다는 건 슬프게도 큰 의미가 없습니다. 너무 절망적인가요?
하지만 걱정 마세요! 단어를 외우는 것보다 더 효과적인 영어 공부 방법이 있으니까요.
바로 문장이나 덩어리로 단어를 익히는 것입니다!

위에 등장했던 'decide'로 예를 들어 볼게요. '결정하다, 결심하다'라는 뜻을 가진 동사입니다. 이 단어만으로는 문장 만들기가 어렵습니다. 뒤에 to 부정사가 나온다는 사실을 모른다면 이 단어를 활용할 수가 없거든요. 그렇기 때문에 'I decided to go'라는 덩어리, 문장으로 익히는 것입니다.

나 가기로 했어, **I decided to go** / 나 먹기로 했어, **I decided to eat**

이렇게 덩어리로 연습하고 문장을 써 봐야 그 안에 있는 표현이나 단어들을 한 번에 습득할 수 있답니다.

알아 두면 유용한 메시지/SNS 전용
영어 줄임말 표현

1 YOLO (you only live once)
'인생은 한 번뿐이니 현재를 즐기라'는 의미입니다.

2 LOL (laugh out loud)
'하하하' 또는 'ㅋㅋㅋ' 대신으로 웃을 때 쓸 수 있는 표현이에요.

3 DIY (do it yourself)
'스스로 하라'는 뜻입니다. 요즘 스스로 만드는 DIY 제품들이 많이 있죠?

4 AOMF (all of my followers)
SNS상에서 쓸 수 있는 표현입니다. '나의 팔로워들'을 지칭하는 말이에요.

5 OMF (one of my friends/followers)
역시나 SNS상에서 쓰이는 표현입니다. '내 친구들/팔로워들 중 한 명'을 지칭해요.

6 TIL (today I learned)
배웠던 내용을 이야기하거나, 상대방이 내가 배웠던 지식을 언급할 때 반가워하며 할 수 있는 말이랍니다. '그거 내가 배웠던 거야' 이렇게요!

7 SMH (shaking my head)
고개를 절레 절레 흔드는 표현입니다. 고개를 흔들 만한 일이 있을 때 얼굴을 보고 있는 상황이 아니라면 이 말을 사용하세요.

8 TMRW (tomorrow)
약속 잡을 때 특히나 내일이란 말 많이 사용하시죠? 단어의 철자가 기니 줄여 써도 좋아요.

9 TTYL (talk to you later)
대화를 마무리할 때 쓸 수 있는 표현이랍니다. '나중에 얘기하자'는 의미예요.

10 BDAY (birthday)
생일이란 단어의 철자가 긴 편은 아니지만, 이 단어도 줄여서 사용하기도 해요.

11 OMY (on my way)
약속 장소로 가는 길에, 친구가 어디냐고 물어본다면 이 말을 사용하세요. '가는 길이야!'라는 뜻이랍니다.

12 IDC (I don't care)
'신경 안 써.'라고 하고 싶을 때, 이 말을 사용해 보세요.

13 JK (just kidding)
'농담이야.'라고 할 때, 이렇게 간단히 표현하면 돼요.

14 THX (thanks)
'고마워.'라고 할 때에도 이렇게 줄여서 많이 사용합니다.

15 UW (you are welcome)
상대방이 고맙다고 하면 주로 '천만에.'라고 대답하죠? 그때 이렇게 말한답니다.

16 NP (no problem)
상대의 부탁이나 고마워하고 미안해하는 말에 대한 대답입니다.

'문제없어!', '괜찮아!'라는 이 표현도 역시 줄여서 표현이 가능해요.

17 CUZ (because)
이유를 나타낼 때 사용하는 단어로, '~때문에'라고 할 때 줄여서 cuz라고 합니다.

18 CU (see you)
헤어질 때 하는 인사로, '나중에 봐! 안녕!'이라고 할 때 줄여서 cu라고 해요.

19 ASAP (as soon as possible)
이미 유명한 약자죠? 주로 이메일상에서 '가능한 빨리' 뭔가를 요청할 때 많이 사용됩니다.

20 BTW (by the way)
화제를 전환할 때 많이 사용하는 표현입니다. '그런데, 아무튼'이란 뜻으로 사용하면 돼요.

Unit 1~30
Answer

Unit 01 Emma is a teacher.

워밍업 순간영작

1. is
2. are
3. is
4. am
5. is
6. am
7. is
8. is
9. is
10. are

어순 순간영작

1. Emma / is / a nerd.
2. You / are / my destiny.
3. He / is / in the office.
4. I / am / hoarse.
5. She / is / a moviegoer.
6. I / am / in the room.
7. Emma / is / wonderful.
8. My father / is / a writer.
9. Eric / is / a normal boy.
10. We / are / in the library.

생활 속 실전 영작

1. I am tired.
2. Today is Saturday!
3. I am in the office.
4. Today is a horrible holiday!
5. I am really sorry.
6. tomorrow is Emma's birthday!
7. My present is a hat!
8. A hat is her favorite fashion item~
9. That is a good idea!

한 단계 업그레이드

1. swimming is good exercise
2. She is pretty and kind

3. I am so pleased
4. She is my best friend now

Unit 02 Is Emma pretty?

워밍업 순간영작

1. is not
2. is not
3. is not
4. Am
5. Is
6. Are
7. are not
8. Is
9. is not
10. is not

어순 순간영작

1. He / is not / a geek.
2. Erin / is not / glamorous.
3. Emma / is not / in the kitchen.
4. Am / I / fit?
5. Is / your girlfriend / a dog person?
6. Are / your dogs / in the yard?
7. We / are not / alone.
8. Is / the book / interesting?
9. Emma / is not / in London.
10. She / is not / pleased.

생활 속 실전 영작

1. Is she tall?
2. she is not tall.
3. She is short.
4. is she slim?
5. she is a bit chubby~
6. She is really cute!
7. is she in school?
8. she is not a student.
9. She is a banker~

한 단계 업그레이드
① Are you still in England
② Erin and I are not in London now
③ we are in Seoul now
④ Is the weather good there
⑤ The weather here is not clear now

Unit 03 Emma was not that pretty.

워밍업 순간영작
① was
② was
③ were
④ were not
⑤ Was
⑥ Was
⑦ was not
⑧ was
⑨ Was
⑩ were

어순 순간영작
① Emma / was / rude.
② Erin / was / camera-shy.
③ I and my puppy / were / at home.
④ They / were not / actors.
⑤ Was / Emma's class / good?
⑥ Was / the boss / at work?
⑦ The news / was not / useful.
⑧ Emma's car / was / dirty.
⑨ Was / it / cheap?
⑩ They / were / in the living room.

생활 속 실전 영작
① were you in the park yesterday?
② I was in the park with Erin.
③ Were you there?
④ I was at home all day.
⑤ Is she still pretty?
⑥ Erin was really pretty,
⑦ she is not that pretty.

한 단계 업그레이드
① I was always at work
② Other colleagues were also only at their desks
③ Our eyes were bloodshot
④ we were eager for vacation
⑤ we are all on vacation
⑥ I am so happy

Unit 04 Emma likes English.

워밍업 순간영작
① take
② reads
③ cooks
④ set
⑤ wear
⑥ eat
⑦ likes
⑧ drinks
⑨ goes
⑩ like

어순 순간영작
① I / take / a shower.
② My father / reads / a newspaper.
③ My mother / cooks / breakfast.
④ My sister and I / set / the table.
⑤ We / wear / pajamas.
⑥ We / eat / breakfast / together.
⑦ The puppy / likes / my mother.
⑧ He / drinks / water / a lot.
⑨ Emma / goes to work / on weekdays.
⑩ My family members / like / each other.

생활 속 실전 영작

1. My boyfriend and I are different!
2. I drink coffee every morning,
3. he drinks tea.
4. I like noodles,
5. he likes rice.
6. I read a novel in my free time,
7. he reads a paper.
8. I study English,
9. he studies French.
10. I go to bed early every night,
11. he goes to bed late.

한 단계 업그레이드

1. Gaia likes K-pop music
2. she listens to K-pop songs
3. she likes the melody
4. She even knows K-pop stars
5. Many people around the world love K-pop

Unit 05 Does Emma like her students?

워밍업 순간영작

1. don't
2. don't
3. doesn't
4. Do
5. Does
6. Does
7. Do
8. Does
9. don't
10. doesn't

어순 순간영작

1. They / don't have / chemistry.
2. We / don't miss / Emma's class.
3. Emma / doesn't skip / dinner.
4. Do / you / change / the subject?
5. Does / Emma / live / in Seoul?
6. Does / your dog / bite / people?
7. Do / they / decide / everything?
8. Does / Eric / teach / English?
9. Some people / don't protect / nature.
10. He / doesn't trust / himself.

생활 속 실전 영작

1. Do you like English?
2. I really like English.
3. do you know Emma?
4. I don't know Emma.
5. She is a famous English teacher.
6. Many students know her.
7. Do they study English with her?
8. my friend studies English with her now.
9. Does she have many classes?
10. she doesn't have many classes.

한 단계 업그레이드

1. Do you miss me
2. My puppy doesn't like strangers
3. your dog likes everyone
4. he barks
5. your dog doesn't bark
6. Does your dog like salmon

Unit 06 Emma had a boyfriend.

워밍업 순간영작

1. met
2. liked
3. didn't
4. didn't
5. Did
6. Did
7. didn't
8. didn't

⑨ Did
⑩ Did

어순 순간영작

① They / met / at work.
② They / liked / each other.
③ The man / didn't understand / her.
④ They / didn't like / each other / anymore.
⑤ Did / he / really / like / her?
⑥ Did / they / really / love / each other?
⑦ She / didn't look at / him.
⑧ He / didn't talk / to her.
⑨ Did / she / regret / the parting?
⑩ Did / he / miss / her?

생활 속 실전 영작

① I met my first love at 17.
② I first saw him at the bus stop.
③ He wore glasses,
④ he had brown eyes.
⑤ I didn't have a boyfriend.
⑥ We fell in love.
⑦ We called every night,
⑧ we dated every Sunday.
⑨ did we get married?
⑩ we did!

한 단계 업그레이드

① My colleagues and I had a Christmas party last week
② We had some delicious food
③ we took some pictures
④ We prepared some gifts for each other
⑤ didn't prepare a gift
⑥ He hurried up
⑦ he didn't buy anything
⑧ We had a great time

Unit 07 Emma lives to eat.

워밍업 순간영작

① to study
② to fart
③ to say
④ to lose
⑤ to graduate
⑥ to kiss
⑦ To get
⑧ To borrow
⑨ To read
⑩ To go

어순 순간영작

① I / met / Emma / to study / English.
② He / opened / the window / to fart.
③ Emma / closed / her eyes / to say grace.
④ I / skipped / lunch / to lose weight.
⑤ Erin / crammed / to graduate.
⑥ She / approached / him / to kiss.
⑦ To get / some clothes, / I / went / to the department store.
⑧ To borrow / some books, / she / visited / the library.
⑨ To read / a book, / I / sat down.
⑩ To go / to the party, / Emma and Erin / dressed up.

생활 속 실전 영작

① I went to the gym to exercise with Joe.
② After exercise I went to McDonald to have lunch.
③ I went to the cafe to get some coffee.
④ I went home to sleep.
⑤ He went to Central City to meet his friends.
⑥ He went to a club to dance with beer.

한 단계 업그레이드

1. Emma dressed up to meet her boyfriend
2. She got on a bus to go to Dosan Park
3. They went to the restaurant to have lunch
4. To order, Emma asked for a waiter
5. they went back to the park to take a walk

Unit 08 Emma is kind and clever.

워밍업 순간영작

1. but
2. and
3. so
4. and
5. and
6. and
7. and
8. and
9. but
10. so

어순 순간영작

1. I / sing / but / he / dances.
2. Now / I / want / coffee / and / music.
3. It / was a Kodak moment, / so / I / took pictures.
4. I / am sick / and / queasy.
5. Emma / resembles / a hamster / and / a rabbit.
6. The house / is old / and / creepy.
7. Emma / is in London / and / Erin / is in Pusan.
8. I / hate / flies / and / mosquitoes.
9. My father / turned on / the TV / but / he / read / a newspaper.
10. He / is handsome / so / he / is popular.

생활 속 실전 영작

1. This is a story about a woman.
2. She didn't speak English well,
3. but she loved it.
4. She studied English every day,
5. but English was really difficult.
6. She practiced hard to teach many students,
7. so she became a famous teacher.
8. I really like her attitude and patience!
9. She is so awesome and cool!

한 단계 업그레이드

1. I bought a cake and some bread for my little sister
2. A headband and a pompom are for my niece
3. They are fuzzy and cute
4. It is not pretty but warm
5. I also reserved 2 movie tickets for my parents
6. so they will go out tomorrow

Unit 09 Emma will be your true teacher.

워밍업 순간영작

1. will be
2. won't dance
3. Will, date
4. will study
5. won't be
6. Will, be
7. will refill
8. will check
9. Will, submit
10. won't answer

어순 순간영작
1. Everything / will / be / perfect.
2. He / won't / dance / with me.
3. Will / you / date / your boyfriend?
4. I / will / study / with Emma.
5. I / won't / be / a quitter.
6. Will / you / be / a dancer?
7. She / will / refill / her coffee.
8. I / will / check / your e-mail / tomorrow.
9. Will / you / submit / the report / next week?
10. Emma / won't / answer / your question.

생활 속 실전 영작
1. I will throw a party tomorrow.
2. my best friend, Erin, will come.
3. You will have a great time with us.
4. I will decorate my house.
5. I will prepare some drinks.
6. I won't make food.
7. Will you come?
8. It will be fun!

한 단계 업그레이드
1. She will lose weight about 5kg
2. She won't get up late
3. she will keep regular hours
4. She will travel abroad with her family or her friends
5. She won't eat snacks excessively
6. She will have a wonderful year

Unit 10 Anyone can take Emma's class.

워밍업 순간영작
1. can email
2. can't drink
3. Can, bear
4. may be
5. may not snow
6. may take
7. can't become
8. may not be
9. Can, play
10. may tell

어순 순간영작
1. My grandma / can / email.
2. Emma / can't / drink.
3. Can / you / bear / the pain?
4. He / may / be / a ladies' man.
5. It / may not / snow / on Christmas day.
6. It / may / take / a lot of time.
7. They / can't / become / friends.
8. It / may not / be / true.
9. Can / Emma / play / the flute?
10. He / may / tell / you / about the story.

생활 속 실전 영작
1. Can you make some Korean food?
2. I can!
3. I can make gimbap and kimchi~
4. can you help me this Sunday?
5. I have a housewarming party.
6. I can help you.
7. Can your son come?
8. He may not come there.

한 단계 업그레이드
1. You can enjoy a lot of paintings and sketches there
2. you can also take a docent-led tour
3. you may get some postcards and ornaments
4. you may look around leisurely in the morning
5. You can have a lovely time at the gallery

Unit 11 You should take Emma's class.

워밍업 순간영작
1. should make
2. shouldn't make
3. Should, call
4. must go
5. must not drink
6. Must, go
7. must check out
8. must not dive
9. Should, make
10. shouldn't catch

어순 순간영작
1. You / should / make / true friends.
2. Emma / shouldn't / make / a boyfriend.
3. Should / I / call / him / tonight?
4. Emma / must / go / to the library!
5. Emma / must not / drink!
6. Must / I / go / there?
7. We / must / check out / before 2 p.m.
8. You / must not / dive / here.
9. Should / I / make an order / here?
10. Emma / shouldn't / catch / the bouquet / at your wedding.

생활 속 실전 영작
1. My best friend always gives me a lecture!
2. You should listen to your parents.
3. You shouldn't listen to your boyfriend.
4. You should be careful.
5. You shouldn't be careless.

한 단계 업그레이드
1. you should wear sunblock
2. you should warm up your body
3. You must fill in this form
4. you must sign

5. You must wear the life vest
6. you must follow our directions here

Unit 12 Emma is teaching English now.

워밍업 순간영작
1. is using
2. is not raining
3. Is, downloading
4. was sipping
5. was not talking
6. Was, badmouthing
7. are going
8. was snowing
9. was wearing
10. Were, looking

어순 순간영작
1. Emma / is using / her smartphone.
2. It / is not raining / now.
3. Is / he / downloading / the application?
4. Emma / was sipping / her coffee.
5. I / was not talking / to the manager.
6. Was / he / badmouthing / his boss?
7. We / are going / to see a doctor.
8. It / was snowing / quite hard.
9. Emma / was wearing / an unusual hat.
10. Were / you / looking for / a taxi?

생활 속 실전 영작
1. what are you doing?
2. I am watching TV and eating popcorn now~
3. is our kid studying now?
4. our son is playing with clay~
5. He was playing last night, too~
6. He must study tonight!
7. you must clean the house!
8. I am not giving you a lecture now~

한 단계 업그레이드

❶ He was strolling in the alley and talking on the phone
❷ He was wearing a cap and a mask
❸ he was coming to my apartment
❹ he was walking up the stairs
❺ Now he is teaching my brother in his room

Unit 13 Emma is having a great time with you.

워밍업 순간영작

❶ is buying
❷ need
❸ Do, know
❹ am having
❺ has
❻ Are, having
❼ is thinking
❽ Do, understand
❾ want
❿ have

어순 순간영작

❶ Emma / is buying / a skirt and a dress.
❷ I / need / a house.
❸ Do / you / know / the teacher?
❹ I / am having / dinner / with my friend.
❺ He / has / a plan.
❻ Are / you / having / a good time?
❼ Emma / is thinking / of him.
❽ Do / you / understand / her behavior?
❾ We / want / a vacation.
❿ I / have / two sisters.

생활 속 실전 영작

❶ I am at the department store.
❷ I am looking around and having coffee.
❸ I want a dress,
❹ I like a yellow dress.
❺ I have only 10,000 won,
❻ I need more money.
❼ Do you know my bank account?
❽ Send me some money.

한 단계 업그레이드

❶ We have a lot of plans
❷ We will have a lot of seafood there
❸ We love seafood
❹ we want to stay at a higher ranked hotel
❺ we are thinking about it
❻ We may want to change the hotel later

Unit 14 Emma is happy when she teaches.

워밍업 순간영작

❶ as soon as
❷ because
❸ while
❹ After
❺ Because
❻ When
❼ because
❽ when
❾ Because
❿ After

어순 순간영작

❶ He emailed / as soon as / he got home.
❷ I will leave you / because / I love you.
❸ What happened / while / I was in London?
❹ After / you go to school, / the doll may talk.
❺ Because / I miss her, / I will wait for her.
❻ When / I read a book, / you always call me.
❼ We can't make a copy / because / the

copy machine is broken.
❽ We were not afraid / when / we were together.
❾ Because / the coffee is hot, / you should be careful.
❿ After / I finish my work, / I will stay here with you.

생활 속 실전 영작
❶ It was already 10 when I got home.
❷ As soon as I got back home, I took a shower.
❸ After you took a shower, did you go to sleep?
❹ I turned on TV because my favorite movie was on TV.
❺ I heard a woman's scream while I was watching TV.
❻ It was 10.
❼ you got back home after 10.

한 단계 업그레이드
❶ When Christmas is coming, I am excited
❷ I want to have a special time because the day is only once a year
❸ Before I enjoy the day, I prepare many special things for Christmas
❹ My friends and I exchange gifts with each other while we are having a party

Unit 15 Emma becomes skinny.

워밍업 순간영작
❶ is
❷ looks
❸ Was
❹ are
❺ became
❻ doesn't sound
❼ became
❽ was
❾ Did, look
❿ became

어순 순간영작
❶ He / is / still / a bum.
❷ Emma / looks / stressed.
❸ Was / the movie / a smash?
❹ The shoes / are / brand new.
❺ She / became / more popular.
❻ It / doesn't sound / funny.
❼ The drama / became / exciting.
❽ The party / was / awesome.
❾ Did / Emma / look / happy?
❿ My sister / became / a mother.

생활 속 실전 영작
❶ The forest looked creepy.
❷ When she walked into the forest, she felt dizzy.
❸ She found her sister's things.
❹ the wind blew.
❺ Because it sounded scary, she became stiff.
❻ she saw her sister.
❼ She looked sad.
❽ Can she find her sister?

한 단계 업그레이드
❶ When I was a child, I was so frail and thin
❷ I felt dizzy and looked pale
❸ My parents were really worried about me
❹ I became healthier

Unit 16 Do you want to be Emma's student?

워밍업 순간영작

1. a nose job
2. to win
3. to tie
4. to pop
5. to answer
6. me
7. the program
8. some water
9. to change
10. to travel

어순 순간영작

1. She / had / a nose job.
2. Emma / wants / to win / his heart.
3. They / need / to tie the knot.
4. He / is planning / to pop the question.
5. She / refused / to answer.
6. She / didn't dump / me.
7. Did / Emma / install / the program?
8. He / drank / some water.
9. I / want / to change / my mind.
10. Emma / hopes / to travel abroad.

생활 속 실전 영작

1. Do you want to have a dog?
2. When you decide to have a dog, you need to remember several things.
3. Your dog needs your love and care.
4. Your dog doesn't want to be alone at home.
5. When you plan to take a trip, you need to go with your dog.
6. Your dog wants to be with you.
7. Because your dog doesn't have much time.
8. Your dog always loves you.

한 단계 업그레이드

1. Emma makes a New Year's resolution
2. She decides to lose weight
3. She wants to put on more dresses
4. she needs to study English more

Unit 17 Emma gives you a boost.

워밍업 순간영작

1. me his screen name
2. me the way
3. Emma flowers
4. me the book
5. him everything
6. her the situation
7. me his father's will
8. us the storyline
9. me the truth
10. you the way

어순 순간영작

1. He / told / me / his screen name.
2. The kind man / showed / me / the way.
3. He / didn't give / Emma / flowers.
4. Please / lend / me / the book.
5. His parents / taught / him / everything.
6. We / didn't tell / her / the situation.
7. He / read / me / his father's will.
8. The director / told / us / the storyline.
9. Eric / didn't tell / me / the truth.
10. Did / that woman / show / you / the way?

생활 속 실전 영작

1. My parents always give me a lot of allowance.
2. My older sister often buys me some clothes.
3. My little sister gives me some tips on beauty.

❹ My puppy shows me his belly.
❺ My brother-in-law teaches me wisdom of life.
❻ My niece always shows me her bright smile.
❼ My best friend in London sends me some accessories.
❽ I love all of them!

한 단계 업그레이드
❶ Emma teaches you English
❷ Emma tells you a lot of helpful stories
❸ Emma gives you the pleasure of learning
❹ Emma shows you various image materials
❺ Emma sends you a lot of materials every month

Unit 18 Emma makes you confident.

워밍업 순간영작
❶ a princess
❷ angry
❸ warm
❹ empty
❺ a liar
❻ 곰돌이
❼ sad
❽ impossible
❾ Snow White
❿ secret

어순 순간영작
❶ Emma / calls / herself / a princess.
❷ The situation / made / her / angry.
❸ They / kept / the room / warm.
❹ Emma / found / the box / empty.
❺ He / called / her / a liar.
❻ The kid / named / the teddy bear / 곰돌이.
❼ Did / he / make / you / sad?
❽ Emma / doesn't think / it / impossible.
❾ They / named / the baby / Snow White.
❿ Please / keep / this information / secret.

생활 속 실전 영작
❶ I went shopping yesterday.
❷ I got some clothes.
❸ The sky-blue dress makes me prettier.
❹ The floral blouse makes me younger.
❺ The checked skirt makes me slimmer.
❻ The polka-dot headband makes me brighter.
❼ The shopping was successful!
❽ Internet makes shopping easier.
❾ shopping doesn't make people tired anymore.
❿ Shopping always makes me happy.

한 단계 업그레이드
❶ Computer games made me excited
❷ People on the Internet called me a hero
❸ I named myself 'Destroyer'
❹ I found it more exciting

Unit 19 Prepare coffee and a pen.

워밍업 순간영작
❶ money
❷ coffee
❸ pineapples
❹ Cheese
❺ a fortune teller
❻ soda
❼ chances
❽ attitudes
❾ milk, butter
❿ hair

어순 순간영작

① Emma / likes / money.
② The coffee / is / really hot.
③ Erin / hates / pineapples.
④ Cheese / is / good / for your health.
⑤ She / is / a fortune teller.
⑥ Joe / drinks / soda / too much.
⑦ She / has / a lot of chances.
⑧ They / have / different attitudes.
⑨ We / need / some milk and butter.
⑩ She / has / curly hair.

생활 속 실전 영작

① Let's have a barbecue party!
② I will bring sugar, salt, rice and pepper.
③ Bring some apples, oranges, peaches and pears.
④ Bring meat, butter, cheese and bread.
⑤ Bring a cell phone charger, a pot, a burner and a tent.
⑥ Bring some wine, water and soda.
⑦ Bring three cucumbers, five carrots and two eggplants.
⑧ Bring some sauce.

한 단계 업그레이드

① I needed a chicken, a carrot, and some green onions
② I really like onions and potatoes
③ I bought two onions and three potatoes
④ I got five oranges and three apples for our dessert

Unit 20 This class is very helpful.

워밍업 순간영작

① This
② That
③ Those
④ These
⑤ These
⑥ This
⑦ Those
⑧ This
⑨ that
⑩ those

어순 순간영작

① This / is / delicious bread.
② That / is / my book.
③ Those / people / are / my parents.
④ These / are / delicious bananas.
⑤ These / kids / are / really cute.
⑥ This / water / is not / cool.
⑦ Those / are / my shorts.
⑧ This / chair / is / comfortable.
⑨ I / want to read / that / book.
⑩ Look at / those / clouds.

생활 속 실전 영작

① Look at this picture!
② I took this photo yesterday.
③ This is a nice picture.
④ The first snow came yesterday,
⑤ this person is wearing an umbrella.
⑥ Those cars look busy.
⑦ can you see those buildings?
⑧ those look gray.

한 단계 업그레이드

① look at this picture
② This is a famous restaurant in Iteawon
③ Look at these flowers
④ Can you see those people at the table

Unit 21 Emma doesn't like any rude people.

워밍업 순간영작
1. some
2. any
3. any
4. Some
5. any
6. some
7. some
8. any
9. some
10. any

어순 순간영작
1. You / need / some make-up.
2. We / don't have / any overlap.
3. Do / you / have / any plans?
4. Some guys / are wooing / me.
5. Do / you / have / any disposable bandages?
6. This plate / has / some chips.
7. Emma / taught / us / some useful expressions.
8. Did / Joe / send / you / any information?
9. I / want to have / some headbands.
10. Erin / doesn't have / any friends.

생활 속 실전 영작
1. I am at the market now.
2. please buy me some bread and snacks.
3. do you need any fruit?
4. I want to buy some lemons.
5. I have some lemons.
6. You don't need to buy any lemons.

한 단계 업그레이드
1. Are you getting any rest
2. please buy me some coconut oil and facial cream

3. I want to try some local food
4. I don't like any sweets
5. do you have any time

Unit 22 Emma has a lot of tips on English.

워밍업 순간영작
1. many(a lot of)
2. many(a lot of)
3. much(a lot of)
4. much(a lot of)
5. many(a lot of)
6. many(a lot of)
7. many(a lot of)
8. much(a lot of)
9. many(a lot of)
10. many(a lot of)

어순 순간영작
1. I / saw / many(a lot of) / Koreans / in Paris.
2. Spain / has / many(a lot of) / tomatoes.
3. Seattle / has / much(a lot of) / rain.
4. London / has / much(a lot of) / fog.
5. Korea / has / many(a lot of) / mountains.
6. Russia / has / many(a lot of) / bears.
7. My grandma / tells / me / many(a lot of) / old stories.
8. We / always / have / much(a lot of) / homework.
9. Emma / has / many(a lot of) / dresses.
10. Erin / knows / many(a lot of) / nice restaurants.

생활 속 실전 영작
1. Did you finish the meeting?
2. Will you have lunch with me?
3. I am preparing a project these days.
4. I have a lot of work.

❺ you need to collect many(a lot of) materials.
❻ I don't have much time.

한 단계 업그레이드

❶ I was working on many(a lot of) big projects
❷ I don't have much work these days
❸ I have a lot of free time
❹ I can go to many(a lot of) art exhibitions with them
❺ I will see many(a lot of) movies
❻ I will read a lot of(many) books

Unit 23 Emma is your bridge to English.

워밍업 순간영작

❶ Her
❷ It, my boyfriend's
❸ They
❹ She, his
❺ Her
❻ She, him
❼ I, of her
❽ The children's
❾ I, of
❿ He, his

어순 순간영작

❶ Her necklace / is / a choker.
❷ It / was / my boyfriend's gift.
❸ They / broke up / last Christmas.
❹ She / was / his first love.
❺ Her name / was / Emma.
❻ She / dumped / him.
❼ I / was / in the living room of her house.
❽ The children's toys / are / old.
❾ I / like / the color of the table.
❿ He / was playing / with his little brother.

생활 속 실전 영작

❶ This is my niece.
❷ She is 9 years old.
❸ She is holding two dolls.
❹ They are her best friends.
❺ She really likes them.
❻ Her favorite color is red.
❼ She is wearing a red jumper.

한 단계 업그레이드

❶ Emma likes Disney's animations
❷ its movies are touching, beautiful and moral
❸ The characters of the movies are cute and humorous
❹ She likes the characters' witty lines
❺ their lives are hard
❻ they overcome their hardship

Unit 24 Emma usually studies in the morning.

워밍업 순간영작

❶ on
❷ in
❸ at
❹ at
❺ on
❻ in
❼ in
❽ on
❾ at
❿ in

어순 순간영작

❶ I / broke up / on Christmas Eve.
❷ My sister / got married / in 2005.
❸ The special event / begins / at noon.
❹ I / don't eat / sweets / at night.
❺ My friend / looked happy / on her

wedding day.
❻ Bears / hibernate / in winter.
❼ This semester / starts / in March.
❽ I / will throw / a party / on my birthday.
❾ Emma's class / begins / at 7 p.m.
❿ We / always / wear / gloves / in winter.

생활 속 실전 영작
❶ I won two musical tickets!
❷ Will you go with me?
❸ I really like musicals.
❹ It is on May 7th, Saturday at 7 in the evening.
❺ It will be fun.

한 단계 업그레이드
❶ I got up at 7 in the morning
❷ We planned to meet on April 6th
❸ I will prepare a special event on her birthday
❹ I arrived at 9
❺ I finished my work late at night
❻ I got back home at 11 at night

Unit 25 Emma is at your side.

워밍업 순간영작
❶ in
❷ on
❸ at
❹ in
❺ on
❻ at
❼ on
❽ in
❾ in
❿ at

어순 순간영작
❶ I / live / in London.
❷ She / wears makeup / on a bus.
❸ She / is / totally different / at home.
❹ I / met / him / in Rome / by chance.
❺ My office / is / on the third floor.
❻ My puppy / clawed / at the door.
❼ A cockroach / was / on the wall.
❽ Emma / left / her bag / in the taxi.
❾ This / is / the most popular spot / in Seoul.
❿ I / presented / it / at the meeting.

생활 속 실전 영작
❶ I am in Pusan now.
❷ I stay at a hotel on the beach.
❸ I had breakfast at this hotel,
❹ I had lunch at a very famous restaurant.
❺ I will have dinner on a cruise.
❻ There are a lot of nice seafood restaurants in Pusan.
❼ I want to eat fresh seafood at the restaurants.
❽ Most of the restaurants are on the top floor.

한 단계 업그레이드
❶ Gangnam station is a famous place in Seoul
❷ Many nice restaurants in the station attract young people and many foreigners
❸ At the restaurants, people can taste delicious and unique dishes
❹ many other interesting places like Hongdea, Iteawon and Insadong are in Seoul
❺ People can go sightseeing around the city on a tour bus

Unit 26 Both you and I like English.

워밍업 순간영작

1. Though(although)
2. Though(although)
3. Though(although)
4. both
5. either
6. Both
7. both
8. either
9. although(though)
10. although(though)

어순 순간영작

1. Though(although) / he is wishy-washy, / I love him.
2. Though(although) / it was a long day, / we were happy.
3. Though(although) / he is rich, / he pinches pennies.
4. I / like / both / Joe / and / Marcus.
5. Please give me / either / iced tea / or / iced coffee.
6. Both / Emma / and / Erin / don't appeal to me.
7. I / want to buy / both shirts.
8. Our travel destination will be / either / Guam / or / Cebu.
9. I want to eat something / although(though) / my throat is sore.
10. It looked real / although(though) / it was a wig.

생활 속 실전 영작

1. I am at a coffee shop now.
2. I will have either iced choco or iced mocha.
3. I want to eat both cake and muffin.
4. Will you have all of them although(though) you are on a diet?
5. I will skip either lunch or dinner.
6. You should skip both.

한 단계 업그레이드

1. both Erin and I must attend this meeting
2. Either Erin or I was supposed to attend the meeting
3. Although(though) we had another plan, we changed it
4. We decided to prepare for the meeting though(although) we were annoyed
5. both of us can increase our experience through it

Unit 27 You like Emma because of her optimism.

워밍업 순간영작

1. Though(although)
2. Because
3. While
4. Despite
5. Because of(Due to)
6. during
7. because
8. Despite
9. During
10. because of(due to)

어순 순간영작

1. Though(although) / I have an interview tomorrow, / I will drink with my buddies.
2. Because / she worked late, / she is tired today.
3. While / you are on the clock, / you can't talk on the phone.
4. Despite / the done deal, / I have a lot of work.
5. Because of(Due to) / my colleague, / I

am so stressed.
❻ My boss called me during my lunch break.
❼ I can't explain about the machine / because / I don't know anything about it.
❽ Despite / a lot of ads, / many people don't know about the product.
❾ During / the whole month, / the weather was pretty cold.
❿ The country is not dangerous anymore / because of(due to) / tight security.

생활 속 실전 영작

❶ Your hairdo looked different today.
❷ I went to a salon because of(due to) my important appointment.
❸ It fits you.
❹ Though(Although) I was really tired, I went there.
❺ I felt sleepy during my haircut.
❻ I usually fall asleep while I receive a head massage.

한 단계 업그레이드

❶ I decided to learn to ski for 2 months because my family planned to go skiing every weekend this winter
❷ because I am a poor athlete, I should learn more than other people
❸ Although(though) I am bad at skiing, I like winter sports like skiing
❹ I will enjoy skiing during this whole winter
❺ While I am at a ski resort, I will master skiing

Unit 28 Sometimes Emma puts on makeup.

워밍업 순간영작

❶ turn on
❷ turn off
❸ picked up
❹ took, off
❺ put, on
❻ put, down
❼ picked, up
❽ put down
❾ turn, off
❿ took, off

어순 순간영작

❶ First / turn / on / the switch.
❷ You / should / turn / off / the faucet.
❸ Emma / picked / up / some money / on the street.
❹ Laura / took / it / off.
❺ Emma / put / it / on.
❻ Erin / put / them / down / on the table.
❼ She / picked / up / the shoes.
❽ Saeree / put / down / her bag.
❾ We / should / turn / it / off / before we go out.
❿ Emma / took / them / off / because it was too hot.

생활 속 실전 영작

❶ it's too hot.
❷ Did you turn on the air conditioner?
❸ I will turn it off in an hour.
❹ Did our baby put on a cardigan?
❺ I took my cardigan off because it's too hot.
❻ I will call you in 5 minutes.
❼ I'm too busy now.
❽ You should pick up the phone~

한 단계 업그레이드
❶ I picked it up and looked around
❷ I wanted to put it in my pocket
❸ I put it down on the street
❹ I took my coat off and waited for a police officer

Unit 29 I want to delay my interview.

생활 속 실전 영작
❶ My interview date is on June 1st.
❷ But I want to delay my interview.
❸ Because I didn't receive the interview schedule in advance, I couldn't check the date.
❹ I will be in Portugal in June because of my internship program.
❺ So the interview is only possible in July.
❻ Can I have my interview in July?
❼ After you check your schedule, please reply to my email.
❽ Sincerely, Emma

한 단계 업그레이드
❶ I have a question. Is my order coming to me now?
❷ I can't track my order.
❸ I remembered my invoice number before, but now I forget it.
❹ Please send me the number.
❺ I want to know my order's location ASAP.
❻ Because I ordered some items from your site quite a while ago, I am concerned.
❼ It may take longer because of this holidays.

Unit 30 Simba comes into the world.

생활 속 실전 영작
❶ In the peaceful animal kingdom, a baby lion, Simba, comes into the world.
❷ His father, Mufasa, is the king of the kingdom.
❸ Simba romps around with his best friend, Nala.
❹ Meanwhile, Mufasa's brother, Scar, wants to be a king.
❺ Because of his greed, he finally kills his brother and turns Simba away.
❻ Simba becomes friends with Timon and Pumbaa.
❼ And he grows up with them.
❽ Then one day, Simba meets Nala by chance and hears about the kingdom from her.
❾ But due to his mistakes, he refuses to return to the kingdom.
❿ Finally, after he realizes his father's lesson and his destiny, Simba returns to the kingdom to regain peace.

한 단계 업그레이드
❶ The story begins when Dracula invites a man to his castle.
❷ The man's name is Jonathan.
❸ When his fiancée, Mina, arrives at the castle, Dracula considers Mina his first love.
❹ Jonathan returns Mina to England.
❺ That night, Dracula drinks Jonathan's blood and renews his youth.
❻ Despite his persistent efforts, Mina refuses him.
❼ But actually Mina feels attracted to him.
❽ Finally, Mina wants to be with Dracula.
❾ But, because he realizes his unfortunate life, Dracula chooses eternal death.

S 시원스쿨닷컴